# 高卒自衛官が実現した40代で資産2億円をつくる方法

生方 正
Tadashi Ubukata

あさ出版

# はじめに

## 自衛隊から学んだ1分1円の大切さ

私は高校卒業後に自衛隊に入隊して以来、28年間勤務してきました。そして昨年、定年を迎えることなく46歳で退官しました。

現在は、満員電車に乗ることもなく、起きたい時間に起きて、やりたいことだけをするストレスフリーな生活を送っています。それでいて、不動産による不労所得により給料と変わらない収入を得ているので生活の心配はまったくありません。

私が就職先として自衛隊を選んだのは、衣食住がついていてしっかり貯金ができることと、「仕事を通して様々な国を訪れたい」という夢があったからです。その夢を最短で叶えられるのが海上自衛隊でした。

とくに、私が選んだ「海上自衛隊一般海曹候補学生」(通称：曹候)と呼ばれるコースは、2年間で下士官になれ、長い下積みを大幅に短縮できる魅力的なコースでした。

基礎教育を受ける教育機関「教育隊」に着隊すると、すぐに次の日から髪型は限りなく坊主に近いスポーツ刈りに統一されました。水泳、マラソンなどの体力錬成に加え、シーマンシップの基本である、短艇操法、部隊を統制し行動させるための基本教練、銃の取り扱いの修練などが始まります。何事も5分前行動が徹底されて、規律や責任感、団結心を養います。

海上自衛官としての勤務は、ときには水平線から昇るキレイな太陽や、クジラやイルカの群れなど、船に乗っていなければ見ることができない貴重な経験をたくさんすることができました。反面、天候不良や思わぬアクシデントのために訓練が長引いたり、緊急事態や通過する台風を避けるため予定外の出港をしたり、自分の予定が立てられないことは日常茶飯事でした。あるときは、インド洋給油支援活動に参加するイージス艦に出国6日前に乗り組むように内示を受け、出国日前夜に半年分の身の回り品を一人で運び、当日に間に合わせたこともありました。

年間の出港日数が230日を超え、家に帰れるのは100日強。自分の時間がいかにないかを悟りました。「貯金もできる、海外にも行ける。しかし、自分の時間はまったくない。いったいこの先何年こんな生活を続けていくことになるのだろう。やりたいことを我慢して、規則に縛られた環境で仕事をして、なんの意味があるのか」と考えるようになったのです。

このまま定年まで艦艇勤務を続けるのではなく「もっとも参加したかったミッション『南極観測協力行動』を経験したらアーリーリタイアを遂げたい」と強く思うようになりました。

それと同時に、リタイアしてもお金に困らないように貯金とともに、投資をすることで、お金に働いてもらうことを模索し始めました。

漠然とした将来の不安から、毎月手取りの6割を貯金にまわし、ゲーム感覚で生活費を削減しました。節約によって得た余剰資金は定期預金に入れることで、「複利の力」を利用して資産を増やし、貯まった資金を元に不動産投資を始め、気づいたときには億を超える資産を持つことができていました。

何かあっても、長年培った節約術により、月12万円で生活することができる。不動産投資により、給与と変わらないくらいの収入がある。この2つが決め手となり、定年よりも8年早く46歳でアーリーリタイアを遂げることとなりました。

億万長者への第1ステップは生活費のコスト削減、すなわち節約です。節約と聞くと、「めんどうくさい」「そんなことをしてもたいして変わらない」と思うかもしれません。しかし、貯金を増やすためには、まず毎月の支出を把握し、無駄な出費を抑えることから始まります。月々の携帯代、ランチ代、光熱費など、どこに無駄があるのか、いくら下げられるのかを記録し、見直す。たったこれだけで年数万円は貯金できるようになります。

お金の無駄に気づき改善できるようになると、今度は自然と時間の無駄に気づくようになります。毎日の通勤時に目的もなく見ているスマホ、ランチタイムの過ごし方、自宅に帰ってからついダラダラ見てしまうテレビ。目的もなく過ごす時間を1日わずか30分でもお金について考えたり、調べたりすることでお金に関する知識や判断力が高くなり、自然と資産が増えることになります。

成功する人、成功しない人の違いは時間の使い方で決まります。

1日は、誰でも24時間。平日なら仕事や通勤、残業に費やす時間が10時間、睡眠が8時間だとすると、残りの6時間の中で食事や入浴、家事をして余った時間をどのように使うのかで、10年後の生活が大きく変わってきます。

この大切なことに気がつくと、意味のない飲み会に行くことや、ゲームにのめり込むこと、たいして興味がないメルマガを開く1分の時間さえ「もったいない」と感じるようになります。また、物事に取り組むときに、時間的効率を考えるようになるので、投資をする際に必要な目利き力が自然に養われ、リスクを下げることができるようになります。

私が2億の資産を築いて、アーリーリタイアできたのは徹底した節約を実施してきたからです。もちろん、節約だけで、資産を築いたわけではありません。節約してできたお金を投資で運用し続けたからです。

最初は3000万円の区分マンション1室をローンで購入して月20万円で貸すことから始めました。部屋数を増やすことで、年間1000万円以上の家賃収入を得ることができるようになったのです。

その原資を作ったのも、不動産投資を成功に導いたのも、お金と時間の価値に気づき、常に1円も1秒も無駄にしないという考えで行動してきたからです。

億万長者への始まりは、1円の重要性に気づけるかどうか。これがすべての始まりです。

早く気づけた人ほど、アーリーリタイアへの道が開けてくる――。

本書では、私が自衛隊に入隊してから今日まで試行錯誤し、進化させてきた節約の技術と、お金と時間を無駄にしない具体的な方法を、紹介していきます。

「なるほど、そうか！」と思ってもらえることもあれば、中には「マニアックすぎるのでは？」というものもあるかもしれません。

しかしどれも、すぐに実行でき、効果の上がるものばかりをセレクトしました。なぜなら実際に効果が出ることで、お金と時間の大切さを実感してもらいたいからです。

「資産形成、億万長者への始まりは、1円の持つ価値の重さに気づくかどうか」。

このことに気づくことができた人は、自然とお金が貯まる体質になり、人生の選択肢を増やすことができるようになるのです。

# 第1章 節約術

## 極限まで無駄を省く



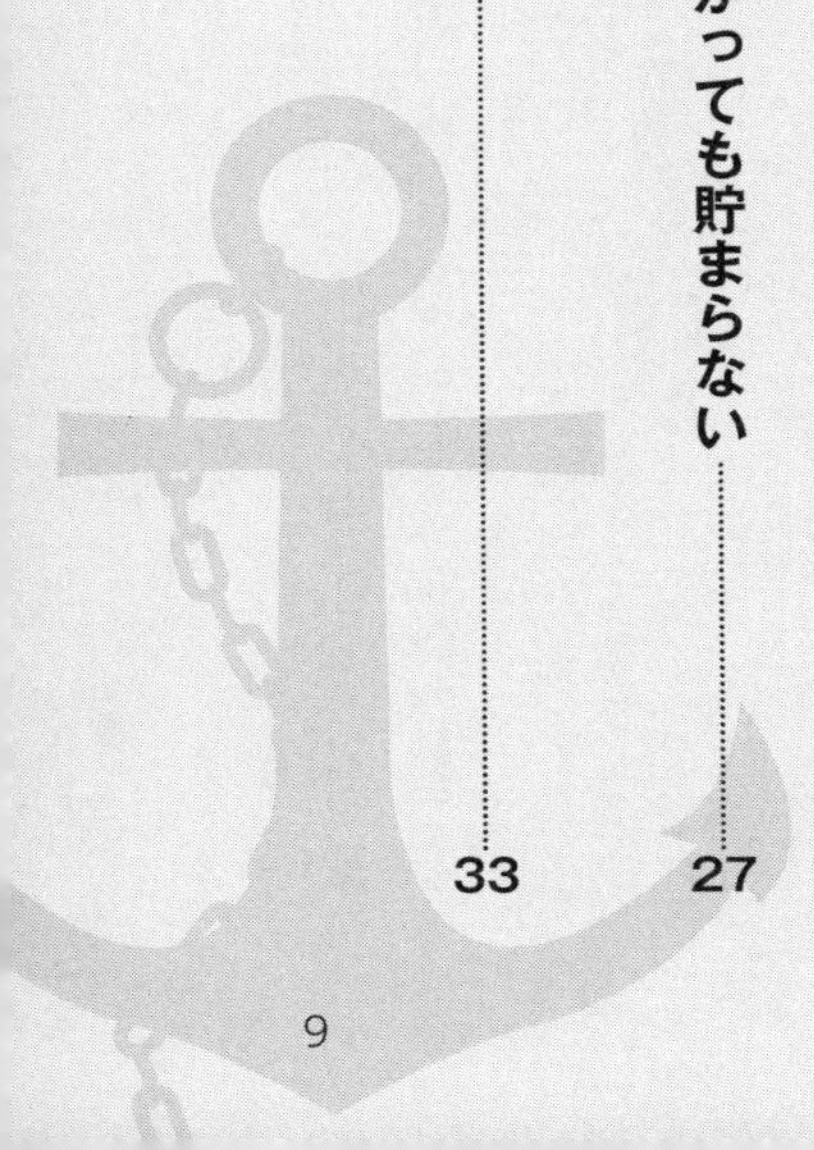

## 第2章 ポイント活用術

使えるものは徹底的に利用する

第3章

# 時間をお金に換える
# 行動管理術

# 第4章 投資術

## 貯めた資金で攻めに転じる

# 第5章

## まさかのときでも慌てない 資産防衛術

構成／間野 由利子
校正／小西 昭生
本文デザイン・DTP／伊延あづさ・佐藤純（アスラン編集スタジオ）
イラスト／吉村堂（アスラン編集スタジオ）

本書記載の情報は特別なことわりがない限り2018年4月時点の情報をもとにしております。

その後、変更となる場合もございますので、あらかじめご了承ください。

# 第1章

## 極限まで無駄を省く
# 節約術

01

# 手取り6割を貯金。高卒で自衛隊に入ったワケ

## 目的を明確にすれば貯まるスピードは加速する

「もっとお金があったらいいのに」「収入を増やしたい」と思っていませんか。

お金を貯める目的はなんですか？

はっきりしていますか？

貯めたいと思ったら、まずは目的を明確にすることが大切です。目的を明確にすることで貯まるスピードは加速します。

私の場合は、アーリーリタイアして世界中を旅したいというのがお金を貯める目的でした。そのため日々節約し、資産を増やすことにコミットしてきました。


高校卒業後、私が選んだ就職先は自衛隊でした。規律に厳しい階級社会の海上自衛隊を選

んだのには3つ理由があります。

1つ目は仕事で海外に行くことができる。2つ目はしっかりと貯金できる。3つ目は資格や特技を得ることができるということです。


まず1つ目の「**海外に行くことができる**」は、年に3回ある遠洋練習航海、各年に行われる派米訓練や捜索救難訓練、国際情勢により派遣が下令される国際緊急援助活動やアデン湾海賊対処など、先進国、途上国に関係なく色々な国に行くチャンスがあることです。

もっとも訪れる機会があるのは、アメリカのハワイもしくは西海岸です。アメリカ軍港に入港すると、IDカードを提示することで軍関係者だけが利用できる商業施設で消費税なしで商品を購入することができます。私は、そこでスニーカーやTシャツ、Gショック、プロテインなど、日本で発売されていない、もしくは、価格差の大きな物を見つけては大量に購入していました。商品を安く購入することでお金の節約になったうえに、旅の想い出を作ることもできました。

また、環太平洋合同訓練では、アメリカはもちろん、オーストラリアやイギリス、韓国、チリ、ペルーなど、参加国の軍人と交流することもできます。海外に行けるうえに、お互いの仕事の仕組みや、使用している機材について見識を高める貴重な機会でもありました。私にとって海外演習に参加することは、自分の仕事の実績を上げながら見識を広げ、インターナショナルな想い出作りもできる、一石三鳥なものでした。

2つ目の「**しっかりと貯金できる**」ですが、自衛隊は衣食住が無料（天引き）のため、毎月の支出を大きく抑えることができます。また、艦艇で勤務すると、基本給の33％を割り増で受け取ることができます。さらに、出港日数や行動エリアによって支払われ、課税されない航海手当、危険な作業に従事した際に各種手当が支給されることで収入を高くすることができます。

また、基地にいる間は栄養管理されているおいしい食事が無料で3食ついてきます。当然、電気やガス、水道などの光熱費もかかりません。

これによって毎月、給与の手取り6割を貯金することができました。

砕氷艦しらせで、南極行動に参加したときは、日本を出港してから半年間、船が港に寄るのは食料や燃料補給のためのオーストラリアだけでした。南極行動中は、お金を使いたくても使える場所は艦内に設置されている自動販売機のみ。お金を使う場所すらないので、独身であれば毎月の給与は貯まる一方です。

南極に行くことで、年約50万円割り増しで各種手当を受け取りました。このとき上がった年収のおかげで、その後の不動産投資を進めていく際に、より有利な融資条件を銀行と結ぶことができました。

3つ目は「**資格や特技を得ることができる**」ですが、私の主業務が写真員だったため、国家資格が必要なく、何一つ資格を取得することはできませんでした。

カメラマンとして撮影した写真が国内はもとより海外の新聞や雑誌、カレンダーなど、多くの媒体に採用されるほどの撮影技術を身につけることができました。また、これによって、希望してもなかなか勤務することが難しい南極行動に2回参加することができました。このことにより私自身が、南極の仕事を終えたあと雑誌やテレビで特集取材を受けることもできました。

## 独身であれば手取りの6割は貯金できる

こう話すと「なんだ。自衛隊だからできたんじゃないか」と思われるかもしれません。しかし、実際は衣食住の心配がない安心感から給与の9割近く散財してしまう隊員が多いのも事実です。それについてはこの後に詳しく説明します。

大切なことは、**自分が貯金する理由を見つけ、しっかりとその信念を貫き通すことができて、はじめて手取りの6割を貯金できる**ということです。しかし、闇雲に支出を切り詰めたら、せっかくの人生が貧しくなってしまいます。できるだけ早く自分の価値観にあったお金の使い方を身につけることが、無理なく長続きさせることになります。

私は今まで色々な節約を試し、その中で継続するのに無理がない物を自分の生活に取り込むことで支出を削ってきました。億万長者になった今でも、欲しい物や、経験のためにお金を使いますが、基本的な生活コストを抑えて生活しています。

無駄な支出を削り、貯金することが自分の人生の可能性を広げてくれることを、心底理解できているからです。

# 02 「余裕ができたら貯金する」では、一生かかっても貯まらない

## 高給取りでもほぼ散財する残念な先輩たち

「お金に余裕ができたら貯金する」

これは貯金ができない人の常套句です。では、お金が貯まらない人は、いったいいつになったらお金を貯めることができるのでしょうか。

収入が増えれば貯金ができるようになるかといえば、必ずしもそうとはいえません。年収が高く、職業柄、お金のことをよく知る銀行員の貯蓄率が高いことは有名です。

自衛官はどうかといえば、パイロットや医者、艦艇で勤務している者であれば収入において、引けをとりません。それどころか、衣食住が保証されていることを考えると、貯金するのに大変に恵まれた環境です。しかし、そんな**高給取りの人ばかりいる職場で勤務しているときでも、多くの人がお金の問題を抱えていました。**

なかには、年収を上回るお金を消費者金融から借りて、借金返済のために住んでいたアパートを引き払ったという人までいました。

自衛隊の実働部隊では、任務達成のため、常に緊張感を持ち、日々の訓練に励んでいます。また、規則により外出できる日も制限されています。長期出港ともなれば何週間も揺れる船の中で世間と隔離された生活を強いられ、厳しさゆえにストレスも溜まることに。

寄港した港で、ストレス発散から、ついお金を使いすぎてしまうこともあります。それが一度きりならまだしも、何度も何度も。散財する癖が習慣となっていくのです。

こんな環境では、いくら高い収入を得ていても、お金は貯まりません。それどころか「毎月たくさん稼いでいるのだから、細かいことを気にすることはない」という気にすらなってくるほどです。

残念なお金の使い方をする先輩が多いことで、新しく部隊に配属された後輩も先輩との付き合いを大事にすれば、当然、余暇でのお金の使い方がこのようになってくることもうなずけます。格好よい先輩は、豪快に散財して部下におごる。だから自分も真似する。その結果、結婚したときに貯金がほとんどない。住宅ローン返済のために、給料が下がる陸上勤務に降りられない。健康が蝕《むしば》まれる……。
まさに負のスパイラルをたどっている人が自衛隊には多いのです。

## 貯金の癖をつけ複利で増やす喜びを知る

では、いったいどうしたらいいのでしょうか。**大切なことは、日々の生活の無駄に気づき、月1万円でも貯金する癖をつけること**です。

一つの節約術が身につくと、その節約を生活の中で実施することが当たり前となります。そして、次の節約術を探し実施する。この繰り返しにより、確実にポケットから出ていくお金の量を減らすことができます。節約すればするほど支出は減ります。一方、職場での勤務経験やスキルは高くなり昇任や昇給により、収入は増えていきます。支出が減り、収入が増えたら、確実に貯金は増えます。独身のうちに少しでも多く貯金しておけば、結婚して家族ができたときに役立ちます。車の買い替え、自宅購入、頭金が多いほどその後の支払いが楽になることはいうまでもありません。

人の抱える悩みの多くは、人間関係とお金のことについてだといわれています。少なくとも、予想できる支出に対する備えだけでもできていたら、お金に関する悩みが少なくなり家族の笑顔がどれだけ増えることになるのでしょうか？

また、将来のためにさらにお金を貯めようと思っているとしたら、実際には銀行の定期預金に預けるくらいでは増えていきません。

**より早く多くお金を貯めるためには、「複利」の力を利用するのが一番**です。「複利」とは、利子に対してさらに利子がつくことをいいます。

たとえば元金（もともとのお金）が100万円あったとします。この100万円を金利7％で1年間預金すると、1年後には107万円になります。この場合、増えた7万円は、元金に対してついた利子です。この107万円を金利7％で1年間預金すると、114万4900円、3年後には122万5043円、10年後には196万7151円となります。

つまり、1年目は100万円預けて7万円の利子しかつかなかったのに、5年後には1年で9万円以上の利子がつくのです。長期で見ると複利の効果はとても大きなものになります。

とはいえ、今の銀行金利は0・02％です。定期預金に預けたとしても0・1％程度です。

7％という数字は現実的ではないと思われるかもしれません。しかし、国内の不動産投資であれば、7％というのは現実的な数字です。また、海外の投資であれば10％を上回る案件も数多く存在します。

## 複利と単利の大きな違い

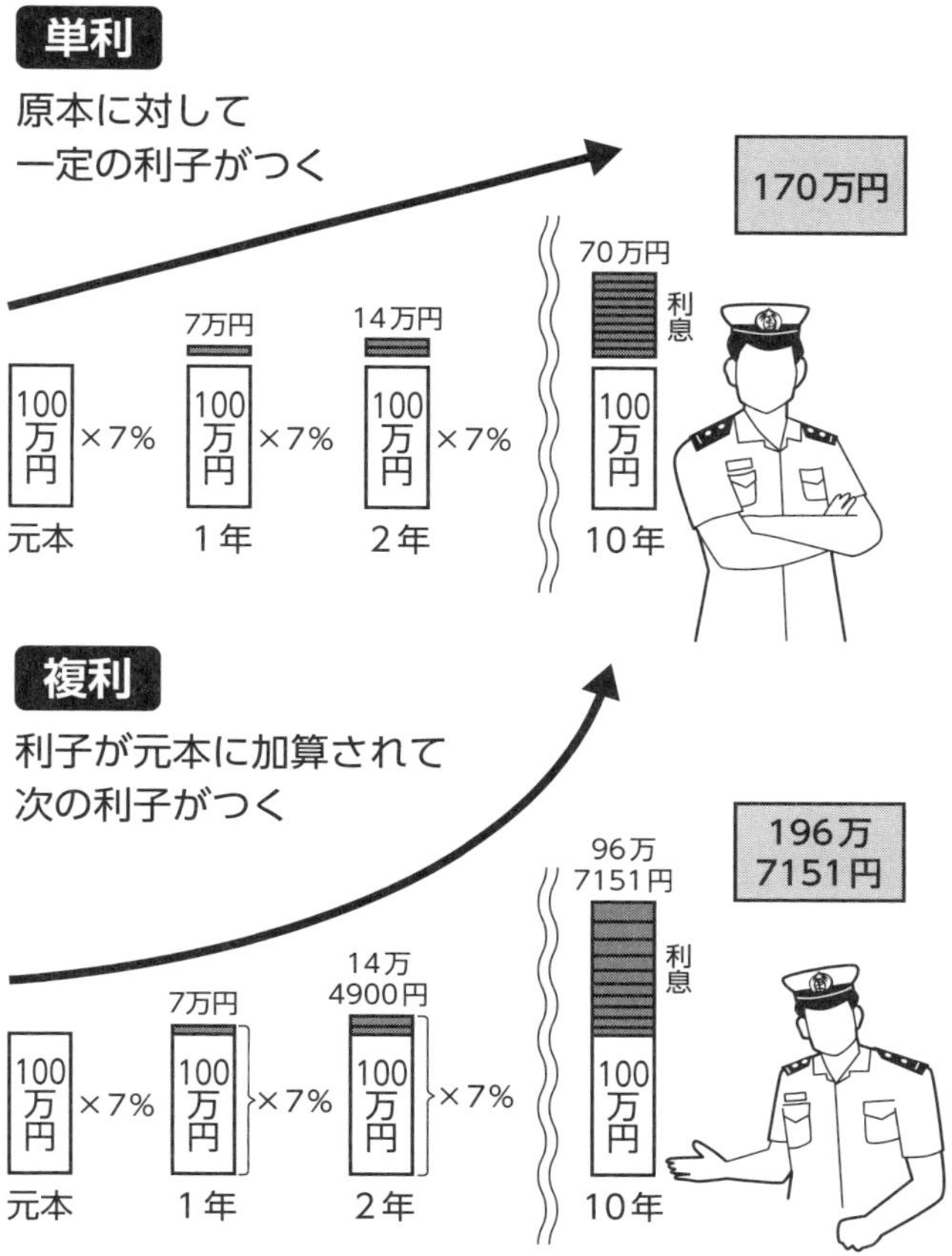


**結論** 複利の力を使えば
10年で26万円以上の差がつく

「不動産投資はハードルが高すぎる」と思う人は、外貨預金を始めてみるのも手です。アゼルバイジャン国際銀行では、米ドル預金で預金金利が20％つきます（※アゼルバイジャンまで行き、口座を開いて預金する必要がある。ネットバンキングが使えないなど現実的にはハードルが高いですが）。

カンボジアでは、同じく米ドル定期預金で7％つく商品もあります。日本国内だけでなく、広く海外にも目を向けることで、「複利」の力を利用してお金を増やすスピードを加速することができます。このことがしっかりと理解できると、できるだけ早く、少しでも多くお金を運用して不労所得を作っていくことが、「自分と家族の将来を助けてくれる」ことになると気づくことでしょう。そうなれば、自然と支出に敏感になり、物事をよく調べてからお金を支払うようになるので、無駄な買い物をすることはほとんどなくなります。

なぜなら、**セーブできたお金を少しでも多く投資にまわすことが、10年、20年というスパンで見たときに、お金を自分にもたらしてくれる**からです。

できるだけ早く「複利」の力に気づくことが、世の中のお金の仕組みを知ることになり、結果、資産の貯まるスピードを大幅に加速させることになるのです。

# 03 徹底した節約こそが資産形成への第一歩

## 徹底して節約するための12の思考プロセス

お金をより早く、多く貯めるためには、「複利」の力を利用することが一番の近道です。そのためには、まずは貯金する額を増やす必要があります。生活費の余った分を貯金する。まったく貯金ができない人は、まずは日々の生活のなかで知らないうちに無駄な支出がないか確認することが大切です。

たとえば、毎回、お金を出金する際や振込手数料に余分なお金を払っていませんか？　1回108円の手数料も月に5回使ったら540円、12か月使ったら6480円、10年使ったら6万4800円にもなります。

さらに、公共料金の支払いを一工夫するだけで、支払った金額の1％以上をポイントとして回収することもできます。節約への意識が高くなれば、買いたいものを我慢しているわけでもないのに、毎月、財布の中に残るお金を増やすことができるのです。

## お金に振り回されず支出を抑えることが肝心

コンビニや自販機で購入しているお茶や水などをドラッグストアやディスカウントストアで購入する。もしくは自宅でお茶を煎れたものを持ち歩く。毎日、外食が多い人は思い切って自炊を始める。毎日のちょっとしたお金の使い方を見直すだけで、貯金ができる体質になるばかりか、体も健康になっていきます。

何をするのにも体が基本です。健康的な食事を心がけることと、運動をすることは、長い人生において病気や怪我を遠ざける、一番の節約になります。

収入から支出を引いた額がその月に貯金できる額です。

つまり、手取りが20万円の給料で、何も使わなければ、年２４０万円を貯金することができます。

しかし、実際には食事はもちろん、散髪代や日用生活品の購入が必要になるため、手取りのすべてを貯金することはできません。

つまり、**支出をどう抑えるかで、貯金の増えるスピードが大きく変わってくる**のです。

これは、単に水道代がもったいないからお風呂は週に1回だけとか、光熱費がもったいないからエアコンは一切使用しないとか、常に最安値の物を購入するなどで、貯めることを推奨しているわけではありません。

そんな生き方をしていたら、社会に適合できないばかりか、お金に振り回されて生きることになり、自分の人生が台無しになってしまいます。

大切なのは、財布の紐をゆるめるとき、自分の価値観に合っているかを考えて支出することです。

私の場合は、次の12項目について考えてから、購入の判断をしています。

**無駄な買い物をしないための思考プロセス**

**1** その物を購入することで、どんなメリットを得ることができるのか
**2** 買おうとしている物が本当に必要なものなのか
**3** 1か月後には不要になっていないだろうか
**4** 購入することで、健康に悪影響を与える要因はないだろうか

5 ひょっとしたら、友人が持っていて借りることができるのではないか
6 リサイクルショップ等で安く売っているのではないか
7 保証はどうなっているだろうか
8 割安で買えるクーポン等があるのではないか
9 表記されている金額の他に、送料や手数料など別の料金が発生することはないか
10 商品が届くまでにどれくらいの時間がかかるのか
11 どの支払方法をしたときにもっとも効率がよくなるか
12 領収書はどのような形で発行されるのか

手帳の余白にこの12項目を書き留めて見返すことを続けていると、購入前に的確な判断ができるようになってきます。

１杯１００円のコーヒーを購入するときでも、この思考が一回りするぐらいになったら倹約思考が身についてきたといえます。

# 04 「三大固定費の見直し」は住居費から

## 格安の自衛隊官舎、でも入居する人は限られている

お金を貯めようと思ったら、まずやるべきことは毎月かかる三大固定費「住宅費、保険料、自動車費」を見直すことから始めましょう。私が資産を増やすことができたのは、入隊して数年間、三大固定費の内の住宅費、自動車費の支出がなかったことに加え、節約したお金を定期貯金積立にまわして利子を得たことが大きかったです。

自衛隊では、基本的に住宅費はかかりません。しかし、それは基地内の寮、もしくは艦船に住んでいるときの話です。

大きな基地周辺には、官舎といわれる防衛省職員用の集合住宅が用意されていますが、入居する人間は実は限られています。入居時に照明器具はもちろん、エアコンを自費で取りつけ、退去するときには取り外す必要があったり、退去するときは掃除業者のクリーニングと

同じくらい徹底的に清掃をする必要があったりすることが原因です。

また、官舎内では、定期的に草刈りやゴミ拾い、ゴミ出し当番など環境整備や作業員をする必要があるため、安い官舎をあえて避ける人も少なくはありませんでした。

私も、敷金や礼金など、すべて自分持ちではありましたが、帰宅後に、階級社会から離れた環境下で生活するため、普通のアパートで暮らしていました。

## 一人暮らしの場合、住宅費は手取りの三割以下に

「住宅費」は人生の三大固定費の一つです。

部屋が広く快適なところに住むと居心地のいい生活を送ることができるかもしれません。ただ、引っ越しするまで、高い家賃を払い続ける必要があります。また、引っ越すのに、引っ越し代、退去時に必要なハウスクリーニング代、新しく住む部屋の敷金や礼金など余分な出費が必要になるものです。

一般的に、**「家賃は手取り月収の三割が適正」といわれていますが、一人で暮らしている間はこの金額をできるだけ低く抑える心掛けが大切**です。

ただ、家賃を手取り月収の二割に抑えたために、「通勤時間が倍かかってしまった」「買い

物に行くのに車がないと行けない」となってしまっては本末転倒です。

現役時代、私は、職場まで30分以内で行けることを優先していました。護衛艦で勤務している場合、帰艦時間の０７４５（7時45分）を過ぎて出勤した場合には、懲戒処分の対象になるので、上司は7時を過ぎて職場に着いていない者に電話連絡をします。つまり、私の場合、万が一寝坊したとしても電話をもらってから０７４５までに職場に到着できる場所に住むことが最優先事項だったのです。

住宅に求める優先順位の内容は、職業や勤める会社により大きく変わります。

会社から、手厚い住居手当が出るのであれば、職場から近い駅近物件。

手当がまったくでないのであれば、比較的利便性の良い場所に自宅を購入して、転勤や転職を機に賃貸物件として貸せる物件を買うことを考える必要もあります。

まずは、会社の住宅手当に対するルールをしっかりと把握し、いかにお金を貯めていくかを考えることが大切です。

## 家賃交渉では「一切の無駄をなくす」視点が重要

「艦が港を出てしまえば、補給することが難しい燃料はもちろん、水の一滴も普段にも増して大切にする」。これは海自の勤務の中で身についた精神です。この精神は、家賃交渉の際にも非常に役にたちました。

一般的に、「アパートなどに入居したときに契約した家賃を下げられる」ことは、ほとんど知られていません。

しかし、自衛隊の勤務により「一切の無駄をなくす」という精神が身についている私は、大家さんとの会話の中で、家賃を下げられる材料を見つけ、交渉により毎月の家賃を下げることに成功した経験があります。

家賃交渉を行ったのは、大家さんが、「来月から振込先を変更してください」といったときでした。

聞けば、今まで不動産管理会社に任せた管理を「自主管理に変更する」というではありませんか。

賃借人にとっては、指示されたとおり振込先を替えるだけのことのように思うかもしれません。しかし**「自主管理に変更する」、このキーワードの後ろには「今まで管理を委託していた不動産屋に払う経費をなくして、大家の実入りが増えます」ということをいっているのと同じ**なのです。

通常、不動産管理会社の取り分は家賃の5％です。

この5％をもらう代わりに未払い家賃の催促や、退去の立ち合い、入居者のクレーム対応をするのです。

つまり、月6万円の家賃であれば、管理会社の取り分は3000円。「大家はこの経費を浮かすことができる」とその場で、そろばん勘定ができ、すかさず半額の1500円を値下げすることを了承してもらいました。

おかげで、毎月の家賃が1500円下がり、年間の出費を1万8000円下げることができました。「1年にたった1万8000円か」と思うかもしれませんが、10年間で18万円もの差を生むことになります。しかもこのメリットを受け取るのに私はなにも対価を払うこともなく、わずか5分の会話でできた節約なのです。

## 更新は家賃値下げのチャンス

家賃を下げるチャンスは、大家さんが自主管理に変更するときだけとは限りません。

**同じ階の、同じ間取りの部屋が長期間低い家賃で募集されていたり、備えつけてある施設が使えない状態で長期間放置されていたら、交渉のチャンス**です。

家賃の他にも削減できるものとして、更新料があります。

通常、更新料は2年に一度、**契約を更新するときに家賃1か月分を支払います。契約の段階で更新料自体をなくす。もしくは、1万円程度の事務手数料に変更してもらうなど、交渉の余地はあります。**

私は、南極行動中に賃貸マンションの更新時期を迎えたことがあります。連絡の取れない契約者である私の代わりに保証人である両親に連絡が行き、マンションの更新料を父親に立て替えてもらった苦い思い出があります。

契約の段階で更新料を外せるのであれば、このようなミスをすることもありません。もし、交渉が難航したら、月500円家賃を上乗せする代わりに、更新料をなくすよう大家に交渉するのも一つの手です。

月500円家賃が高くなれば2年間で1万2000円、2年に1度かかる事務手数料よりは高い家賃収入が入るので妥協しやすくなります。

**家賃交渉においてもっとも大切なことは、こちらに弱みを作っておかないこと**です。

日頃から期限内に家賃をキッチリと支払う、騒音やゴミ出しなど、御近所とトラブルを起こさないなど、社会人として常識的、大家からみて良い入居者であることが大切なのです。

また、先に説明したような自主管理や更新料といったような、不動産業界の慣習を少し知っているだけで、交渉は思ったより簡単に成立します。難しいことではありません。

余談になりますが、付き合う銀行を変えるだけで、毎月の家賃の振込手数料を無料かつ、自動で支払うことができます。

さらに、そこにポイントも発生します。

1回の振り込み、たかだか数百円。ポイント5円程度ですが「知っているか知らないか」「利用するか利用しないか」の違いで、毎月わずかな差が生まれ、10年後には大きな違いをもたらすことになります。

# 05 独身なのに死亡保障1億円保険に入る本当の意味とは

## 高い掛け金は資産を増やすスピードの足かせに！

三大固定費の２つ目は保険料です。

自衛隊では、入隊して間もなく生命保険や傷害保険に入ることを勧められます。

これは、訓練等で死亡した場合、国から支払われる「賞恤金《しょうじゅつ》」の金額が十分でないため、遺族の怒りを静めるため生命保険で不足分を補っていると私は考えています。

自衛隊が発足して約60年。すでに１８００人を超える殉職者が出ている背景を考えれば、管理する立場としても、加入を強く勧めたくなる気持ちもわからないわけではありません。

しかし、高校を卒業して入隊したての新入隊員が、「年度末に確定申告の保険控除で戻ってくる」などと説明をされても、理解できないまま「社会人になったら加入するのが常識だ」という言葉に流され契約するのが現状でした。

自衛隊の施設は、警備の都合により立ち入りが厳しく制限されています。そんな制限されている施設にも、保険の外交員は立ち入りが認められていました。なかには昼休みに、勧誘を受け1億円の死亡保険に入ったことを誇らしげに自慢する隊員もいました。

そもそも**生命保険とは、遺族が困らないためのものであり、独身であれば両親に葬式代＋αを残せれば十分**だと私は考えます。

安くもない掛け金を毎月払い続けることは、自分の資産を増やすスピードを遅らせる足かせにもなります。

逆に、子どもが生まれたばかりで、十分な保有資産を持っていない家庭は、子どもが一人前に育つまでの必要な金額を受け取れるようにしておかないと、残された家族に大変な苦労を背負わせることになります。

かくいう私も入隊直後は、死亡に備えて、約6000万円の生命保険、怪我に対して月額2000円の傷害保険、月額1万円の終身保険と、必要な補償額を考えることなく、なんとなく契約しました。

入隊5年が経った頃、基地に出入りする仕事のデキる保険外交員と仲良くなったことでようやく、保険に関する知識が身につきました。そこで終身保険を解約するとともに、生命保険も段々と掛け金を下げていきました。終身保険はそれまでに約50万円払い込んでいましたが途中解約したため、ほとんどの掛け金は戻ってきませんでした。

しかし、残り30年間支払い続け、長い期間資産をロックされるくらいなら、授業料と割り切り契約を終わらせました。

毎月浮いたお金は、当時は率のいい金利がついていた「年払い養老保険」に投資することにしました。おまけに、受け取る利子に分離課税がかからない商品でした。

この投資経験により、**ただ銀行に預けるだけでなく、銀行以外での運用先も視野に入れる。受け取り金額は課税後の金額を意識する**ようになりました。

## 独身者の生命保険は葬儀代プラスαの受け取り金額で十分

私は、32歳で自宅マンションを購入し、住宅ローンを締結した際に団体信用生命保険(団信)に入りました。この保険は、契約者が亡くなる、もしくは高度障害状態になった場合、残っているローンが完済されるというものです。つまり、抵当権を解除したあとマンションを売ることでまとまった金額を得ることも可能です。それ以降、不動産を増やすたびに生命保険の保障額を段階的に下げていき、退職前には未加入にしました。

不動産投資をしていると、物件を増やすたびにアパートローンを締結するので、全額経費で、生命保険をかけているのと同じことになります。

現在、私が契約している保険といえば、自動車保険、火災保険、団体信用生命保険。クレジットカード会社から年1～2度案内がある無料で契約できる少額のガン保険や少額生命保険だけです。

生命保険に加入する。また、どんな保障を選ぶかについては、その人の資産背景と家族構成により大きく変わります。18歳の独身であれば1億円の死亡保険をかけて、毎月2万円を超える保険料を支払うよりも、生命保険料を葬式代プラスαの受け取り金額に抑える。そして浮いたお金を貯金して複利で増やす。結婚して家族を養っている場合は、掛け捨ての生命保険に加入して、余剰資金をしっかりと貯金にまわす。

大切なことは、現在自分がどんな保険に入る必要があるのかをしっかりと認識することです。そのうえで、死亡保障をかけすぎていないか、保険料を支払うことで月々の生活費を圧迫していないかなどを確認し、自分でお金をコントロールすることを心がけることが大切です。

# 06 車よりバイクを選択し、お金とともに時間も節約

## バイクの燃費効率は車の約4倍！

見直すべき3つ目の三大固定費は自動車費です。

私が初めて車を買ったのは、厚木基地に勤務していたときでした。仲良くなった米軍人が本国に転勤となるのを機に、車検が1年11か月残っている中古車を格安で譲り受けました。その車には、当時流行っていたKENWOODのスピーカーに加え、CDチェンジャー（6連）にサブウーハーがついていたので、オーディオ代が浮き随分得した気分で、私のマイカーライフが始まりました。

しかし、いざ乗り始めると、米軍関係者のナンバーを日本人が乗ることが違法であり、早急にナンバーを取り直す必要に迫られました。

つまり、車検のやり直し。無知が招いた大きな代償でした。

しかし、ここから大きな教訓を得ることもできました。

それは、**車のランニングコストが高い**ということです。

私の場合、基地内に住所があったので、駐車場代は無料でしたが、車検代、保険代、自動車税。毎月のガソリン代に加え、洗車代、オイル交換が必要であったり、電球が切れた、ラジエーターが循環していないなど修理代が安くないことを知りました。

よくよく計算すると、**交通機関の発達している地域であれば、公共交通機関とタクシーを利用したほうがよっぽど安い。**

何より、非効率と思ったのは渋滞に巻き込まれて貴重な時間を失うことでした。

以上のことを踏まえ数か月後には車を売却しました。それ以来、一度も車を所有していません。その代わりに活躍したのが、バイクでした。

私の所有しているバイクは100ccです。つまり、車と同じ制限速度で一般道を走行することができます。さらに渋滞していても、車との隙間を進むことができます。

燃費効率は車の約4倍。各種消耗品は格段に安く、車検もないうえに、駐車場代さえもかかりません。

気をつけなければならないことは、事故と盗難です。

しかし、これまでの26年間で事故を経験したことはありません。駐輪するときにはハンドルロックをしっかりしていたため、盗まれたこともありません。

## コストパフォーマンスの高い移動手段を選ぶ

日々の通勤や買い物でも、予定通り効率よく移動ができます。それでいて、20〜30キロの大きな荷物を運ぶことも可能です。

約10か月間、京都で仕事をする機会に恵まれたときは、週末に関西地方を旅行するために、横須賀から舞鶴までの約600キロを100ccバイクで移動し、毎週末、近畿方面の旅行の移動手段として活躍してもらったこともあります。

バイク本体が30万円、自賠責保険　年6000円、任意保険　年1万円弱、自動車税年2400円、年間5000キロ走行すると想定した場合125リットルのガソリン、全国平均135円で計算すると1万6875円それに必要な2サイクルオイル4リットル2700円、賃貸物件にもよりますが、駐輪代は無料、かかっても月1000円。

その他タイヤや駆動部分の消耗品、交換代年1・5万円、10年間でかかる維持費用53万円、バイク本体を含む1キロ当たりのコストは16・6円。

事故を起こさなければ、保険料は毎年下がるうえに長期契約にすることで、さらに割引価格で契約することも可能です。

また、ガソリンはメンバーカードを作る、割引の日に給油する、乗り方やタイヤの空気圧に気をつけることにより、燃費を伸ばすことができます。

さらに、車体を大切にすれば高く下取りしてもらうことができ、1キロ12円以下にコストダウンすることも可能です。

もし1500cc車の移動であれば、車体価格が5〜8倍、年間維持費も5〜6倍になります。選んだ車種の燃費や所有するエリアによって駐車場代など維持費が大きく変わりますが、1キロ当たり50円以上のコストがかかっていることを意識しておく必要があります。

このように、**日頃からコストパフォーマンスの高い移動手段を使っていれば、台風や雪の積もった日はもちろん、体調の悪い日は安全を考慮してタクシーを使っても年間で考えれば大きなコストと感じることはありません。**

## バイクと車、コストの差は５年で100万円以上

1500cc車での移動コストは１キロ辺り53円、バイクの移動コストは10円、約５倍の差。
５年間で約100万円の差を生む。さらに、バイクでの移動なら渋滞にも巻き込まれず移動時間が短縮。

**バイク**

125cc

- 車体価格　約32万円
- 維持費を抑えることができる
- 駐輪スペースを見つけやすい
- 渋滞に巻き込まれても進むことができる
- 道路状況に左右されづらいので計画を立てやすい

**車**

1500cc

- 車体価格　約200万円
- 維持費はバイクの５倍以上
- 駐車場を探すのが大変なこともある
- 渋滞に巻き込まれると貴重な時間を失う
- 道路状況に左右されるので余裕をもった運行スケジュールが必要

**結論　移動コストにも目を向けよう**

# 07 タバコ代、ビール代、30年続けて504万円

## タバコを吸うことのメリット・デメリット

私が自衛隊に入隊したときから退職するまでの28年間、自衛隊員の飲酒、喫煙をする人の割合は高かったと記憶しています。日々、緊張感と過酷な任務のためにストレスが溜まる職場のため、飲酒やタバコなどでストレスを紛らわす隊員が多かったのかもしれません。

しかし、私からしたら飲酒やタバコを吸うことは、毎日お金をかけて、健康を害しているとしか思えませんでした。しかも、病気になったら治療費とともに、病院に通う時間もかけなければいけないのです。タバコを吸わない私からしたら、「そこにお金と時間を使うのはもったいない」以外の何ものでもありませんでした。

自衛隊の艦艇の内では、基本的に飲酒することはできません。そのため出港しているとき

はもちろんのこと、艦内にいる間は必然的に休肝日になります。

しかし、海外に長期間派遣され寄港地で飲酒できる場所が極端に少ない、もしくは極端に価格の高いエリアに派遣された場合は、停泊しているとき、許可されることもあります。その場合でも、飲酒できる時間、酒量について厳格に決められていました。

また、自衛隊内の教育機関に入校中は、禁酒なのはもちろん、やるべきカリキュラムに追われ、生活に慣れるまで「タバコが一日1本吸えればいい」。そんな厳しい学校もありました。

イライラしたとき、タバコを吸うことで、ニコチンが高ぶった神経を落ち着かせてくれる。もしくは、喫煙場所での喫煙者同士の情報交換ができるなど、喫煙のメリットがあることも事実だと思い、一時は、喫煙の誘惑に傾きかけたこともありました。

しかし、一箱440円もかけたうえに、健康が損なわれるとなったらデメリットのほうが大きくなります。

私は高校生の頃からビタミンCなどのサプリメントを摂ることを毎日の日課にしていたくらい健康に気を使っていました。そのため喫煙率の高い自衛隊に入隊しても、喫煙する習慣に流されることはありませんでした。それどころか、分煙が進む平成10年頃まで、職場や居住区で副流煙に苦しんできました。

## タバコ代だけでは終わらない喫煙のデメリット

私が自衛隊に入隊したとき、1箱220円だったタバコも、今では倍の440円。それを考えても、あのとき吸わなくてよかったと思います。

もし、タバコやビールを30年間続けたら、いったいいくら支払うことになるのでしょうか。

タバコ1日2分の1箱（10本）　220円×365日＝8万300円

ビール（500ミリリットル／1日1本週6本）　280円×313日＝8万7640円

30年続けると、タバコ240万9000円、ビール262万9200円となり、合計503万8200円もかかることになります。

それだけではありません。生命保険はタバコを吸っていない人が割引されるのを考えると、逆にタバコを吸うことで余分に掛け金を支払っていることになります。

賃貸物件の壁紙がタバコのヤニで黄ばんでしまったら、退去するときの修繕費用がかかります。また、タバコのにおいを消すための口臭清涼剤や消臭剤を購入したり、自宅のOA機器に悪影響が出て買い替えるなど、間接的にかかる費用もあなどれません。

お酒を飲む場合はおつまみなどをコンビニで買うことも多く、ビール1本280円だったのに会計をしたら800円ほどになっていた、なんてこともあるでしょう。

万が一、タバコの吸いすぎやお酒の飲みすぎで、肺や肝臓を悪くしたら、病院に通う費用と治療費、薬代、入院費と、余分な出費を余儀なくされます。

**お金以外にも忘れてはならないのが、時間の浪費**です。1本吸うのに3分かかると仮定すると、10本吸うことで1日30分も浪費することになります。

万が一、長年の喫煙により本当に癌を発症してしまったら、多額の治療費用がかかるうえに、治療に貴重な時間が奪われます。もちろん肉体的にも精神的にも苦痛をともなうことになります。

「酒は百薬の長」と昔から言われるように、適量のお酒は、食欲の増進やストレスの緩和など、健康にプラスに働くこともあります。

また、お酒を飲むことで、陽気で快活な雰囲気になり、初対面の人との垣根を低くしてくれる。同僚と腹を割って話せるなど、使い方によっては大変に便利なツールにもなります。しかし、お酒を飲むことを習慣にしてしまうと、なかなか断ち切るのが難しいものでもあります。

自分の適量を守るとともに、休肝日を設けるなど、体をいたわることも大切です。人づき合いの苦手な私も、人とお酒を飲む機会は大切にしています。しかし、一緒に時間を共有したいと思う人がいなければ、飲み会に参加することはありません。

**お酒が入った後数時間は、メールの確認や、読書、ネット検索をしても正確な判断ができないばかりか、読んだ内容を覚えていないことがほとんどなので、時間が無駄になる**からです。1日タバコ10本、500ミリリットルのビール1本。これを30年続けたら、503万8200円。タバコとお酒代、その他間接的な出費で浪費したあげく、病院通いをするか、毎月コツコツ貯金し、複利を利用して資産を築くことで、時間やお金にとらわれないストレスフリーな生活を送るか。自分の本当にやりたいことが見えていたらおのずと取るべき行動は決まってきます。

## タバコ、お酒代を使うか？　貯金するか？

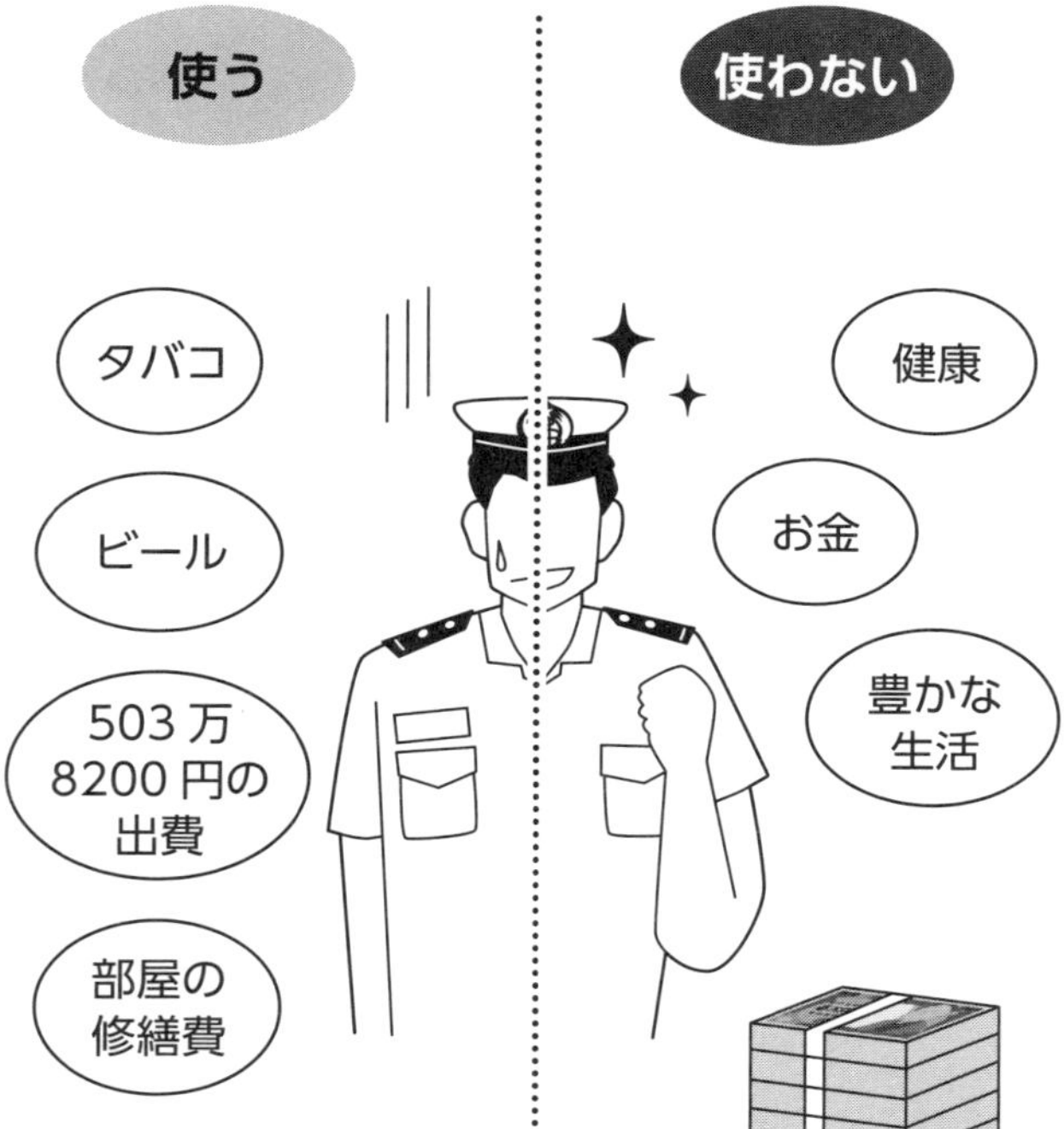


他にも肺や肝臓を悪くして多額の治療費と時間が必要となる可能性も！

**結論**　**30年で500万円程度貯金にまわせる！**

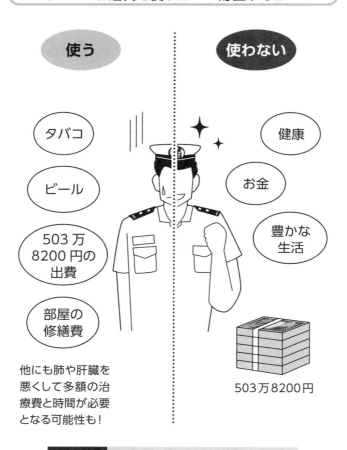

08

# 携帯電話代に隠された無駄な固定費にどれだけ気づけるか

## プラン見直しは本当にやったほうがいい!

緊急事態のときにすぐに対応する必要がある自衛官、平日の外出では2時間以内に帰隊できることが求められます。定められたエリアを出る場合は、「区域外申請」なる書類を上司に提出して許可を得る必要があります。

また、基地や艦艇の外で寝泊まりする場合は電話で連絡がつくことが必須条件であったため、料金未払いで利用停止にならないことはもちろん、バッテリーの充電にも気をつけるよう、徹底されていました。

逆に艦艇で国内行動しているときは、洋上から家族と連絡を取るのに電波が届きやすい携帯会社選びに気を使っていました。

また、洋上で有人島近くを通過する際は、電波の入るのが数分間で、その間にメールの送受信をするなど、電波を受信できるありがたさを身にしみて感じたものです。

平均的な携帯電話料金は月額6000～7000円といわれています（スマートフォン利用）。忙しい現代人にとって携帯電話（スマートフォン）はメールの確認や返信、最新のニュースのチェックなど、移動中のわずかな時間を有効活用でき、今まで紙で持ち歩いていた資料を持たなくてよくなったばかりか、漫画さえも気軽に読むことができる手放せない物の一つです。

そんな、現代人の必須アイテムの携帯電話ですが、毎月自分が使っている利用料金の内訳を把握している人は意外と多くありません。1か月あたり7000円前後なので、人によっては「平均的な使用料だから、こんなものだろう」と感じて、内訳について考えることはしないかもしれません。しかし、定期的に、見直しをしないと、利用していないアプリやデータ料に毎月、数千円、総額で1万円以上、支払っている可能性があります。

私の契約しているキャリア（ａｕ）の料金明細を見ると、基本料金（かけ放題）4200円、データ定額2G3500円、インターネット接続サービス300円で8000円ですが、家のインターネット回線がauひかりで専用のWi-Fiルーターを契約しているので、誰でも割1500円のほかに934円の割引が受けられます。また、乗り換えた携帯本体代が2年間割り引かれる毎月割3065円があるので、月の支払いは3000円を超えることはありません。

料金プランがかけ放題なので、クレジットカードに関する質問や、不動産業者に物件に関する問い合わせなど固定電話にも躊躇なく電話することができる上に、通話料がかかる友人との電話は一度切ってからこちらから折り返しすることで、お互いが料金を気にすることなく話ができます。そんなわけで私の毎月の通話料は、通常であれば10万円近く支払う必要がありますが、かけ放題なので通話料を払ったことはありません。

会社から貸与されている携帯が自由に使える方は、個人の契約を安いプランに変更する。もしくは、格安携帯に乗り換える。それほど通話時間が長くない人は、auであれば、5分以内の通話が無料なスーパーカケホに変更。自分の使い方をよく考えて無駄のないプランを選択することが大切です。

携帯の本体を購入する際は、毎月の分割払いを選ぶのではなく、ビックカメラなどの家電用品店で、一括で購入することで、5%のポイントを貯めることができます。

**10万円あたり5000円のポイントが貯まるので、投資で年利2・5%以上で、確実に運用することができる人以外は、一括払いでポイントをもらったほうがお得になります。**

## オプションサービスはどこまで必要か?

携帯電話の契約で意外と見落としているのが、オプションサービスの利用料金です。契約時に加入が義務づけられ、初めの1か月、または、3か月まで無料、1度も使うことなく、契約したことさえも忘れているオプションがある可能性があります。

ですから、キャリアの専用アプリで確認するか電話会社に自分の契約状況を確かめることが大切です。同時に、携帯の毎月の請求を紙で発行してもらっていると料金がかかる。もしくは、料金の割引を受けることができません。**紙の請求書をやめてweb明細に変更することで、毎月数十円節約することができます。**

携帯料金は、頻繁にルールやキャンペーン内容が変更されるので、業者に問い合わせても担当者から正確な回答を得られないことがあります。理解するまで大変ですが、毎月の固定費削減のために、一度向き合っておくことが大切です。

# 09 電車の移動はSuicaよりも回数券がお得

## 交通費でポイントを貯める

自衛隊の移動といえば艦艇、航空機。近距離であれば車両もしくは徒歩と、ほとんど部内の装備を利用することになります。

民間企業への出張、入校中の研修だと新幹線に乗る機会がありますが、移動の際に渡される切符は「後払い切符」といわれる、切符右下に「後衛」と表記された特別な物を使います。この切符は、旧陸軍が馬を鉄道会社に運んでもらったとき、生き残った頭数の料金だけ後払いしたものが起源だと聞いたことがあります。自衛隊の場合は、移動の際には「後払い切符」を利用しますが、民間企業に勤める人であれば、出張などの際の交通費は現金またはカードで払うのではないでしょうか。その場合、支払いは現金よりもカードを利用したほうがお得です。

なぜなら、毎回1万~2万円する交通費をクレジットカードで支払うことで、そこからポイントやマイルを貯めることができるからです。「ポイントが貯まるといってもたいした額じゃない」と思うかもしれませんが、出張時の交通費は意外とかかるもの。片道1万円払ったら往復で2万円。ポイント還元率が1%だとすると、200円貯まります。銀行金利が0・02%ということを考えると、金利1%に相当するポイントは、貯めておいたほうがお得です。

## 定期券区間以外の移動は回数券がお得

また、定期券区間以外の移動は回数券を使ったほうがお得になります。なぜなら、回数券は10枚分の値段で、11枚の切符が入っているからです。

つまり**10%料金が安くなる仕組み**なのです。さらに、この回数券をSuicaで購入することで、ポイントを貯めることができます。いいことずくめの回数券ですが、気をつけなければならないこともあります。

回数券には期限があるということです。通常、回数券の有効期限は発売日より3か月です。自分の3か月先までの予定をよく考え、移動の際に5往復半しそうな区間があれば、迷わず購入しましょう。

通常、Suicaを利用している人は、改札口を通過するときSuicaで支払う癖がついています。せっかく節約のために回数券を購入しても、通過するときに使いそびれてしまったら、節約にならないばかりか、有効期限を過ぎてしまったら損失になります。常に往復分の2枚を財布やスマホカバーなど、場所を決めて持ち歩き、たとえ酔っぱらった状態であったとしても使えるようになるくらい習慣化することが大切です。

年間20～30往復に対して10％程度の節約になります。一見大した額ではないと感じるかもしれませんが、やるのとやらないのとでは1年後、5年後、10年後では大きく違ってきます。**こういった節約方法を一つひとつ実践することで、ほかの節約方法に気づくこともできます。**そんな糸口としてピッタリな節約技です。

# 10 携帯のデータ定額2Gオーバーは無駄。使い方次第で節約できる通信費

## データ通信は利用を工夫すれば月2Gプランで十分

月の半分、ときには半年近く電波の届かないエリアで行動している船乗り。そもそも携帯を利用しづらい環境だということを理解しているはずなのに、なぜかデータ定額は大容量で契約している人が大半でした。

このことは、艦艇で勤務している人だけのこととはいい切れません。日常の生活でも同じことがいえます。平日朝9時から夜の7時まで、会社にいるときは昼休み以外に自分の携帯を利用できない、もしくは会社の Wi-Fi がいつでも利用できる。自宅には Wi-Fi 環境が整っている状況であれば、データ通信を使うのは往復の通勤や外出時くらいのものです。

auでいうとデータ定額2G料金は3500円、3Gで4200円、5Gで5000円。1Gあたりの料金は2Gで1750円、3Gで1400円、5Gで1000円。多く契約し

たほうがお得な料金設定になっています。

しかし、規定のデータ量を使い終わってしまったとしても、まったく通信ができなくなるわけではありません。通信速度が128kbps（通常の速度の1／580）のスピードに落とされるだけなのです。

仮に速度制限されていても、Wi-Fiが利用できる場所であれば問題なくデータ通信は可能です。Wi-Fiがない場合は、月が変わるまでの数日間、動画や画像をダウンロードしないで、テキストメールやFacebookを使うだけなら大きな支障はありません。もちろん、LINEやFacebook Messengerでの音声通話も問題なく利用できます。


利用量を超えたあとの心構えができていれば、毎月、高額な通信料を支払う必要はありません。どうしても必要なときにだけ、データ容量を0・5G、550円、1G、1000円で購入することができます。ここでチャージしたデータ量は62日間有効なので、翌々月まで持ちこすことができます。

日頃から、大きなデータのやり取りは、自宅などWi-Fi環境の整っている場所で行う、電車での移動間などWi-Fi環境の整っていない場所では、動画などの容量が大きいものは見ないなど、**ちょっとした工夫をするだけで、1月2～3Gの契約で十分ことたります。**

## 身近な無料Wi-Fiスポットを頭に入れておく

また、街中で無料Wi-Fiが使えるところは意外とあるものです。

たとえば、大きな駅には各キャリアが設置したWi-Fiスポット、セブンイレブンやローソン、図書館、コメダ珈琲、スターバックス、ドン・キホーテなどフリーWi-Fiのある場所を普段から把握して活用することで、データ通信料は大幅に節約することが可能です。

また、日頃使っているアプリの自動更新をオフに変更することで通信料を抑えることにつながります。

他にもiPhoneの場合ですが、「設定→モバイルデータ通信」で外出中に使用しないアプリをＯＦＦにする。「一般→Ａｐｐのバックグラウンド更新」で頻繁に更新が必要でないアプリをＯＦＦにする。など、色々と節約できることはあります。

これらの設定を変えることは、通信量を抑えられるばかりでなく、消費電力を少なくすることで、バッテリーの持ちをよくすることもできます。

## データ通信量は2〜3GでOK

**通信容量** 2〜3G／月

### データ通信料の節約方法

**その1** 動画などはWi-Fi環境下で見る

➡自宅や公共施設、お店などの無料Wi-Fiスポット徹底活用

**その2** アプリの自動更新をOFFにする

➡外出時は使用しないアプリはOFFにする

➡頻繁に更新が必要でないアプリはOFFにする

**その3** データ容量が基本プランを超えてしまう月は、必要なときだけ追加でデータを購入する

▼

**結論** 1人削減で約1000円、
家族3人なら約3000円。
10年続けたら約36万円の得!

しかし、一つ気をつけたいことは、フリーWi-Fiのセキュリティは必ずしも安全とはいいきれないということです。

無料で使えるWi-Fiスポットでは、会員のログインやクレジットカードを使用した買い物を避ける、ネットバンクの決済を利用しない、普段からFacebookやLINEのログインのセキュリティを高めておくなどの工夫が必要です。

大きなデータのやり取りはWi-Fi環境の整っている自宅などで行う、通勤途中に動画などの容量の大きなデータを見ない、街中の無料で使えるWi-Fiスポットを利用する。そのうえで残データ容量を見ながら利用を工夫すれば、1段下のデータ定額プランに変更することは可能です。

**一人が削減できたら月約1000円、家族3人だったら月約3000円、それを10年続けられたら約36万円。**「月々たかが1000円だから、それほど変わらない」と思うかもしれませんが、10年単位で考えるとバカにできない金額です。

11

# 種銭を増やしながらお金の知識も増やす

## お金の知識があるだけで数百万円得をする

私は20代の頃からお金の勉強を始め、投資を行ってきました。しかし、自衛隊の職場内で、投資の話をしたことは、ほとんどありませんでした。

というのも、「武人が金儲けをする」ことを「よしとしない」風潮があったからです。

とはいえ、

「○○基地の△△2尉は株で1億円儲けたらしいよ」

「護衛艦□□に乗っている◇◇1曹は、奥さん名義で不動産投資をしているらしい」

など、たまに、情報が漏れ聞こえてくることもありました。職場で聞こえてくる投資の話といえばその程度でした。

「投資で損をした」「〇〇万円儲けた」など口にしたくないのは、人情だと思います。

しかし、**情報を交換する場がまったくないことは、大きな機会損失になります。**

資産を大きく増やすには、投資することが必要です。

なぜなら、銀行や国内の保険商品に資産を置いておくだけでは、高い利回りで運用することができないからです。これでは、どんなに節約して生活を切り詰めても億を超える資産を残せません。

また、せっかく貯めた貯金も、お金に関する知識がないがゆえに、詐欺に遭ってしまえば一瞬で失うことになります。

逆に少し知識があるだけで、数百万円得することもできます。

## お金の知識をつけるなら本とセミナーがお勧め

私の場合、お金のことについて教えてくれる人がまわりに誰もいなかったので、まずは、お金について書かれた本で、興味のあるものを片っ端から読みあさりました。

その際に活躍したのが図書館です。**図書館で借りればお金はかかりません。読みたい本が最寄りの図書館にない場合は、リクエストしておけば県内の別の図書館から取り寄せしてく**

**れます。**

何度も読み返したほうがいい本はブックオフで安くなったものを購入。店頭に置いて3か月程度の期間が過ぎると、棚の下に移され値段が下げられます。さらに、一定期間が過ぎれば、200円の棚に移っていきます。

同じタイトルであっても、棚の場所で値段が変わるのですから、このルールは知っておくとお得です。

また、同じくお金について学びたいと思っている友人と、役立つ本を貸し借りすることも有効です。読み終わった本の内容について、お互いに感想や意見を言い合うことで、より一層お金に対する知識も深まります。

**本で学んだ知識の理解を深めるためには、お金に関するセミナーに出席すること**です。

私も、初めて不動産セミナーに参加するとき、「セミナーは無料でも、損な物件を買わされるのではないか」と、随分と警戒しましたが、参加してみるとまったくそんなことはないことがわかりました。

それどころか、ボールペンなどの筆記用具から、ペットボトルのお茶や水、場合によってはお弁当なども用意されていることがあります。

クーラーの効いたすごしやすい環境の中で、お金について多くのことを学べるうえに、書籍などをもらえることもありました。そのため週末は時間をずらして1日2〜3本、平日も、夜に実施されるセミナーに積極的に参加しました。

お陰で、お金についての基本的な考え方から、株や不動産投資にいたるまで、幅広いジャンルの知識を得ることができました。

なかでも不動産投資ではジャンルの違う、新築区分や中古区分、新築木造一棟、中古RC一棟、銀行融資の有利な契約の仕方、火災保険の使い方など、多くの基礎知識を習得することができました。

その結果、不動産投資による安定的な収益を手にすることができ、アーリーリタイアするのを助けてくれました。


数年前から楽待というホームページ経由でセミナーを申し込み、アンケートに答えると、1000円分のギフト券などをもらえるキャンペーンが多数出ています。ひと月の上限が設定されていますが、こういったキャンペーンを利用すればギフト券が貯まり、ちょっとした買い物にも使えるので積極的に活用するのもいいでしょう。

本で培った知識をセミナーなどでより確かなものとして、色々な会社の取り扱う物件を比較検討することで、自分にあった投資案件が見えてくることになります。

そして、正しい知識がつけば、入ってきた情報を正確に分析することができます。結果、いい投資を探しあて資産を一気に増やす能力が身についていきます。

COLUMN 1

## 幹部候補生学校で学んだボールペン1本も無駄にしない精神

海上自衛隊でもっとも恐れられている教育機関、幹部候補生学校。入校前に届いた案内に「持ち物すべてに名前を明記する」と書かれてありました。団体生活が基本の自衛隊では、何百人もの隊員が同じものを使用することになります。

そのため持ち物すべてに名前を記入することが徹底されていました。このことは、団体生活の中で持ち物の取り違えを防ぐ他に、所有物の責任の所在を明らかにすることや、物品愛護の精神を養う意味もあったのではないかと思います。

武器弾薬を取り扱う自衛隊では、射撃の後に撃った弾の数と空薬莢の数が同じでなければいけません。万が一、数が合わなければ、射撃を中止してその場にいる隊員全員が捜索をすることになります。こういった厳しい教育を受けてきた経験を積み重ねた結果、自然と物を大切にする気持ちが養われました。

また、海上自衛隊の任務の一つに南極観測協力行動があります。「砕氷艦しらせ」に乗艦し、約半年かけて南極の昭和基地に必要な物資を届け、同時に南極での観測を行います。

南極行動中は、寄港するオーストラリア以外で、物資を補給することなく仕事をすることになります。忘れた物によっては、代替がききません。重要な部品一つがないため、任務が遂行できないとなれば、そのためだけに輸送をしてもらわなければならなくなります。南極までの輸送は、日本↓南アフリカ↓南極と何千万円もの空輸コストがかかる他、到着までに1週間以上かかるので、任務に大きな支障をきたすことになります。そのため、忘れ物一つ許されない環境、限られた予算内で半年間使用する物を準備する。しかも、艦内の限られたスペースに持ち込めるものの量を前もって計算する必要もあります。私は、南極観測協力に参加したおかげで、物の大切さを改めて認識する貴重な経験をさせてもらったと思っています。

自衛隊で学んだ、物を大切にする精神は、今の生活の中でも役立っています。

私がよく使う3色ボールペンの値段は300円、なくさなければ2年ほどは使うことができます。また、一般的に、よくなくす物の代表として消しゴムがあります。こちらも、特別な物でなければ、1個60円程度です。年に2個なくしても120円の支出です。

年にボールペン2本、消しゴム2個をなくして720円。大人にとっては大した支出には思えませんが、本当にそうでしょうか。たしかに、金額的には大したことはありません。しかし、ちょっとしたアイデアを思いついてメモを取りたいときに筆記用具がない、修正したいときに消しゴムが見当たらないときの機会損失や、感じるイライラは、金額の何倍にも値するのではないでしょうか。

そもそも、持ち物に名前を明記することだけで、物をなくすことは大幅に減ります。

また、3色ボールペンの黒インクがなくなっても、青インクを使うことで、買い替えの期間を延ばすことができます。

ボールペン1本300円。しかし管理をいい加減にすると、ボールペン以外にも手袋やカバン、傘など多くの物をなくすことにつながります。物を丁寧に扱い長持ちさせることができたら、無駄な支出を減らすことができます。さらに、資源の節約、ゴミの減量、環境破壊削減にもつながります。

たかだかボールペン1個20グラム、小さめの消しゴム1個17グラム合わせても37グラム。大した資源の節約にはならないと思う人もいるかもしれませんが、日本人全員が心がけたら資源の節約に大きく貢献できるのではないでしょうか。

ボールペン1本さえもなくさない、持ち物を大切にする心が自分の心に芽生えたら、お金を節約する大切さに気づくことにつながるのです。

# 第2章

使えるものは徹底的に利用する

# ポイント活用術

01

# 1ポイントを笑う人は年収600万円止まり

## ポイント取得で支出を減らし、貯まったお金は投資にまわす

自衛隊では、厳格な規律の下、徹底して無駄を省く生活をしていました。すべての予定を定刻通りに実施するために、隊員は1分1秒無駄にすることなく行動することを要求されます。

その精神は、私生活においても自然とインストールされ、常に無駄がないように行動してきました。たとえば、コンビニやスーパーで買い物をしたときに、買ったものの金額に応じて貯まるポイントも、取りこぼすことなく、しっかりと有効活用することで、結果的に支出を減らすことになります。

給与所得のみで生活するサラリーマンが、100円のマクドナルドのコーヒーの会計で1ポイントを貯めることを笑っていたら、なかなかお金は貯まりません。

なぜなら、支払い時にカードを提示する一手間を加えるだけで得られるポイントが1ポイント。つまり、1%の還元率でポイントが貯まるからです。

現在はゼロ金利時代。普通預金はネットバンクであっても0・02%。100万円を1年預けてつく金利はわずか200円。正確にいうと、そこから分離課税20・315%が差し引かれるのです。こだわらなければならないのは、この1%の還元率の数値なのです。

しかも、**この1ポイントは銀行金利のように支払った1年後にポイントが付与されるのではなく、支払手続きが終わった時点、店舗によっては翌月の定められた日に加算されます。そのうえ、銀行金利と違い分離課税が取られる心配はありません。**

それを考えると、いかにカードで支払うことのメリットが大きいかが見えてくるのではないでしょうか。

## 支払いはカード→電子マネー→最後に現金決済

支払い方法を工夫することが習慣となれば、どこのお店に行ってもクレジットカードを使って会計するようになります。取り扱いがなければ、Suicaなどの電子マネー。それもダメなら最後に現金決済する。急いで購入する必要のない物は、各お店のポイント還元率が高くなる日にまとめて購入する。これらの習慣が身につくと確実にポイントが貯まるスピードが加速していきます。

カードで支払うメリットはこれだけではありません。あなたがATMで並ぶ時間と、手数料をかけて下ろしてきた現金が減るスピードは想像以上に遅くなり、現金を下ろす回数が劇的に減ります。2〜3か月に1度程度、もしくはそれ以上にATMに行く必要もなくなります。結果、時間と手数料を節約することができるのです。「ポイントを貯めるなんてダサい」と思っていたら、お金はあなたの手元から逃げていってしまいます。

もし、仮に今、年収が600万円だとした場合、給料だけで暮らしていたら昇進するまで収入アップは期待できません。しかし、**ポイントを貯めて支出を減らし、貯まった現金を投資にまわすことができるようになると、お金に関する知識が増え、将来、億の資産を持つことも可能になる**のです。

一生で使うお金は1億円を超えるといわれています。この内の2%を手元に残せたら200万円。還元率をさらに上げる方法を知っていれば＋α。

1ポイントを笑い、サラリーマンを続けるのか、ポイントを取り逃がすことなく賢くお金を使いながら、億の資産を築く道を切り開くのか。考えてみる価値は十分にあります。

## なぜお金持ちは1ポイントにこだわるのか？

ポイントを貯める

↓

日用品をポイントで購入
(トイレットペーパー　石鹸　など)

↓

現金での支払いが抑えられる

↓

お金が貯まる

↓

種銭ができる

↓

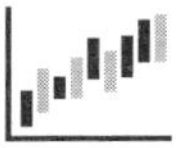

株式投資

↓

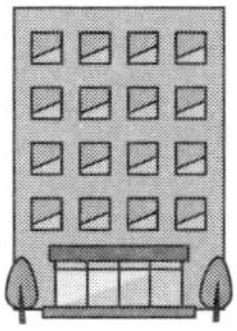

不動産投資

↓

億万長者

**結論**　1ポイントを取り逃がさない姿勢が投資の精度を高める

02

# ポイントは徹底的な情報収集で獲得率を上げよ！

## クレジットカードでの買い物はメリットだらけ

自衛隊に入隊して2年目。19歳のとき、急な海外派遣の話が来たとしても困らないように、クレジットカードを作り準備をしました。しかも、作ったクレジットカードは年会費無料で、旅行保険のついているものです。

海外に行きクレジットカードを使う経験を積むにつれ、帰国後も、できるだけすべての支払いでクレジットカードを利用するようになりました。なぜなら、利用金額に応じて商品や特典航空券に交換できるポイントやマイルが貯めたかったからです。

**年間100万円の買い物を現金で行っている人が、支払方法をクレジットカードに変更するだけで、還元率1％で1万円の分ポイントが貯まります。**

**それればかりか、還元率の高いクレジットカードに各種キャンペーンを組み合わせたら、5%以上のポイントを取ることもできます。**

そもそもクレジットカードは、現金を持ち歩かないで買い物することができるうえ、その支払いを手数料なしで先延ばしすることができます。手持ちの現金を減らさない、買った品物によっては、盗難や破損などショッピング保険でカバーされるなど、とっても便利なアイテムです。また、利用履歴が毎月発行されるので、家計簿や帳簿の管理をしやすくなります。それでいて、クレジットカードの種類にもよりますが、年会費無料で海外旅行保険がついているものもあります。これによって、海外に行くときにかける1回数千円程度の保険料が無料になるというメリットもあります。

「クレジットカードは不正利用される」「金利がかかる」「無駄遣いをしてしまう」とネガティブなイメージを持っている人もいるかもしれません。

しかし、クレジットカードの仕組みを知れば、そんなネガティブ要素も簡単に回避できます。クレジットカードの不正利用が心配だったら、カードが届いたらすぐにサインをする、暗証番号を他人から推察されにくいものにする。高い金利を払うことが心配なら支払いはボーナス払いか2回払いを選び、金利がかかるリボ払いを使わない。無駄遣いしてしまいがちな人は、あらかじめ利用限度額の設定を下げておくなど、対処方法は色々あります。

クレジットカードを使うスキルが高くなると、一冊の本を購入するのにも、書店、デパート、支払ったクレジットカードの3か所にポイントを貯められる方法にも気づきます。

また、セブンイレブンが発行している nanaco カードは、nanaco カードと提携しているクレジットカードと紐づけすることで、1%以上のポイントが入るうえに、チャージした nanaco カードで1万円のクオカードを購入すれば、提携しているお店で1万180円分の買い物をすることもできます。

さらに、このクオカードをファミリーマートで使えばTポイント、ローソンで使えば Ponta ポイントが貯まります。

たったこれだけで、約380円分、金利にしたら3・8%分を節約しているのと同じことなのです。このように、クレジットカードをうまく使えば使うほどポイントが貯まり、現金の支出が減ります。もちろん、このスキームは実施するのに時間や労力がかかるので、すべての人に勧めるわけではありません。

## クレジットカード活用術

### 使うメリット

- 現金を持ち歩かないでお買い物
- 支払いを手数料なしで先延ばし
- 買った品物は盗難や破損などショッピング保険でカバー
- 利用履歴が毎月発行されるので、家計簿や帳簿の記載に便利
- 海外旅行保険がついている
- ポイントが貯まる

### 使わないデメリット

- 高額商品を購入するときは多くの現金を持ち歩く必要がある
- 手持ちの現金が減るのでATMによく行く
- 買った品物がショッピング保険でカバーされていない
- 家計簿や帳簿の記載はたくさんのレシートを見て管理
- 海外旅行に出かけるときは保険をかける必要がある
- ポイントが貯まらない

しかし、クオカードと提携しているホテルやレストラン、ドラッグストア、デパートをよく使う人にとっては、支払いの度に、約3～4％程度を割引してもらうのと同じことになるので、利用する価値は十分にあります。

**キャンペーン以外で割引されることのない、定価販売のコンビニの商品でさえも、支払い方法を変えることで、割引価格で購入できるようになるのです。**

## 28年間で貯まったマイルは地球3周分

世の中には数多くのカードが氾濫しているため、自分に合ったカードを探すことは大変です。年会費や、割引特典が一律でないので、比較することも難しい。「得する」といってもたかだか数％程度なので面倒と思っている人も多いかもしれません。しかし、これらのカードポイントを意識して取るのと取らないのとでは、確実に差が出ます。

ここで注意しなければならないことは、ポイントを取ることを目的にしないことです。

わずか数ポイントを稼ぐために、いつもの帰り道をわざわざ遠回りして目当てのコンビニで買い物をしたら、時間とお金の無駄。

大切なのは、**ポイントを効率よく取り、それを元に必要なものをポイントで購入して現金**

**支出を減らす**ことです。

または、ポイントをマイルに替え、さらに、お得な特典航空券に替えることで、旅費を抑えるなど、ポイントを貯める目的をはっきりさせておくことです。

私は、28年間ポイントを集め続けた結果、地球約3周分のマイルを貯めることができました。これからは貯めたマイルを使って世界中を旅する予定です。

ポイントを集めることの楽しみを知ると、自分の行動範囲外のポイントも取りたくなるようになります。

そのポイントを得ることがトータル的に考えて得なのか損なのか判断できるようになると、お金やコストに対して相当に細かいことまで計算ができるようになっているはずです。この視点を持って投資やビジネスをしていくと、投資するうえでの疑問点に気づくようになるため、投資判断がより正確にできるようになります。

賢くポイントを集めることを追求していくと、細かいことまで気づくことができる。お金持ちになるための能力の一つを磨いていることになるわけです。

# 03 ポイントカードの賢い貯め方、使い方

## ポイントカードは使用頻度が高い3枚に絞る

「ポイントを貯めようと思ったら、複数のカードを持ち歩かなければいけないから大変」と思うかもしれません。そんなときは、よく使うポイントカードを3種類に絞るのも手です。たとえば、ローソンの発行している「Ponta カード」であれば、全国17万店舗、ファミリーマートなどで使える「Tポイント」であれば全国77万店舗、インターネットショッピングサイトの楽天やマクドナルドなどで使える「楽天ポイント」であれば70万店舗など、日々の生活で利用頻度が高く、提携先の多いものを選ぶのが得策です。

一部のカードをのぞけば、年間費無料ですから、Tポイント、楽天カード、Ponta カードを作って財布に入れておいて、レジで支払うときに提示すると、大方のポイントが貯まります。

マイルを貯める場合は、「Pontaポイント」であればＪＡＬ、「楽天やＴポイント」であればＡＮＡなど、各航空会社との提携を確認しておく必要があります。

**「飛行機には乗らないので、現金の代わりにポイントで精算する」**という場合もあれば、**「特典航空券と引き換えにしたいからマイルの貯まるカードに貯める」**というやり方、それぞれあります。はじめからポイントを貯めたあとの使い道をしっかりと決めて、それに合わせて賢く貯めて有効活用することが大切です。

## 「ポイントを有効期限内に使い切る」は鉄則

気をつけたいのが、ポイントの有効期限です。せっかく貯めたポイントも有効期限が切れてしまっては何の価値もありません。初めから有効期限がないものを選ぶか、それぞれのカードのルールを把握しておき、使いきることが大切です。

たまにしか使わないカードのポイントは買い物するたびに1ポイントでも使ってしまえば失効するのを防ぐことができます。

ただし、闇雲に使用するとポイントを取り逃がすことになります。

100円につき1ポイント付与されるカードで200円の物を購入するときに、1ポイントを使ったとしたら、合計金額が１９９円となり、１００円分のポイントしかつかなくなってしまいます。

**効果的な使い方は、ポイント還元率１％のカードであれば、１２０円の物を買ったときは、20円をポイントで支払えば取り逃がすことはありません。そればかりか、面倒な小銭のやり取りをなくすことができます。**

また、大手家電量販店などでは、商品ごとにポイント還元率が異なることがあります。ビックカメラでは、通常現金決済であれば10％がポイント還元されますが、キャンペーンにより白物家電などが15％還元になることもあります。逆に携帯電話などは５％しか還元されません。ポイントを使うときは、還元率の低い携帯電話などを購入する際に使うことでより効率的にポイントを貯めることができます。

複数枚のポイントカードやクレジットカードに貯まったポイントは、マイルに変換することもできます。楽天スーパーポイントであれば、楽天 PointClub サイト内で、Tポイントであれば T-SITE 内で、２ポイントを１ＡＮＡマイルに変換が可能です。

## ポイントをマイルに変える

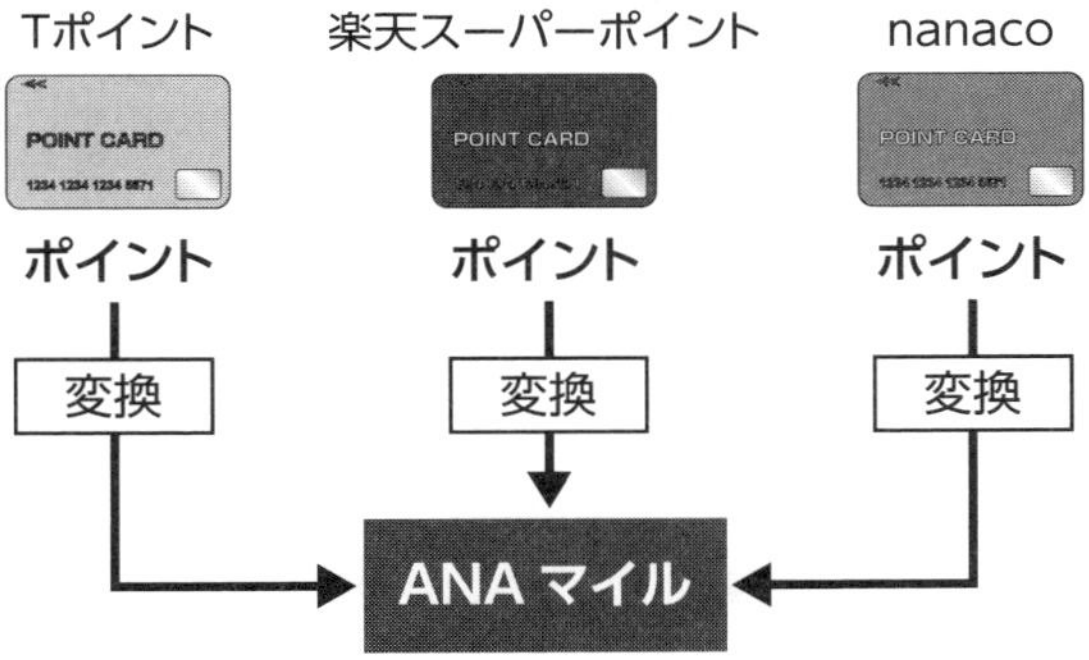


**結論** 貯まったポイントを同一航空会社のマイルに集約すれば特典航空券が手に入る

変換が完了した日からANA、JALマイルは3年間有効です。

保有しているマイルに合わせて、集めたポイントを目的地まで必要なマイル数に調整して変換することで、特典航空券を効率よく手に入れることができるのです。

複数枚のクレジットカードやポイントカードに貯まったポイントを同一航空会社のマイルに集約することで、特典航空券を手に入れる。変換することができない、変換に必要以上の手間がかかるポイントは、期限内に使ってしまう。まさに、無駄のないポイント活用術です。

# 04 大量のポイントカードはアプリを使って一括管理

## ポイント管理アプリを活用しよう

企業の提携化により数枚のカードを保有することで、ポイントの取り逃がしは防げるようになってきました。しかし、大型書店や洋品店、ホームセンターなど、各店で発行されているポイントカードも存在します。取り逃がしを防ぐためには、かさばるのを覚悟のうえ、常にカード入れを持ち歩き、必要なカードを大量のカードの中から探す必要があります。

そんな、面倒くさいことをするくらいならポイントはいらないと思うかもしれません。しかし、**3万円の商品を買うのに、通常1%のポイント還元率が5倍になっていたら、300円×5倍で1500円分ものポイントを取り逃がしてしまうことになります。**財布に入れるのは最低限のポイントカードに絞りつつも、お得なポイントを取り逃がさないためには、スマホにポイント管理のアプリをインストールしておくと便利です。

私が使っているのは「Stocard」という、ポイント管理アプリです。提携するお店はブックオフ、紀伊国屋書店、ビバホーム、紳士服のコナカなどの店舗。アプリを起動させた後、カードについているバーコードを読み込ませるだけ。その後、レジでスマホのアプリを提示すれば、カードの代わりにポイントが貯まる優れモノです。

ただ、難点はお店のレジで読み込むバーコードリーダーのスペックにより、読み込めないときがあるということです。初めて行く店舗では、万が一のときに備えて、カードも持参して行き、そこでアプリのQRコードを読むことができると確認できたら持ち歩くカードを1枚減らします。このようにポイントをアプリで管理すれば、何枚ものポイントカードを持ち歩く必要はなくなります。同時にポイントカードを持参し忘れてポイントを取り逃がすこともなくなるのです。

## 複雑なカードルールはクレジットカードにテプラを貼って情報整理

各店舗のポイントカードは「Stocard」が多くのお店を集約してくれますが、クレジットカードはどうしているのか？

私が昔から取り入れている方法は、クレジットカードにテプラでカードの要点を表記して貼りつけてしまうというものです。これは自衛隊時代に身についたワザです。

武器や危険物を扱う自衛隊では、物の管理は徹底されていました。

一つひとつの物に番号がつけられていて、定期的に補給担当者により帳簿と実際の物の数を照合していました。テプラにより物品の番号や貸与年月日が記されている。これをヒントに、私も、**所有するカードに、ショッピング、キャッシング枠、年会費、ポイント2倍の日、カードに付帯されている保険の種類など必要情報を記載するようになりました。**

貼る場所により、カードの磁気を邪魔して手入力でしか使えなくなったり、もしくは、同じ店舗でもレジによっては読み込まない機械があったりします、貼る場所を試行錯誤して最適な場所を模索しました。

また、このテプラ技はクレジットカードだけでなく、ポイントカードや銀行のキャッシュカードにも広げるとさらに使いやすくなります。

ルールが複雑なものに関しては要点を付箋紙に箇条書きにし、カード裏面に張りつけ、その都度確認します。

ここまでやっても、長い目で見たらルールの変更などがなされるため、油断は禁物です。

## ポイントを逃がさないための秘策

**結論** 1ポイントも取り逃がさない姿勢こそ資産形成につながる

今までも、何個かのお得なスキームが、ルール変更により使えなくなっています。

こういったことも踏まえると、ポイント情報に詳しい人と定期的に情報交換をするルートを作っておくことが大切です。

しかし、詳しい友人がいなくても、インターネットで検索すれば、ノウハウがまとめられた個人が発信するブログからも必要な情報は得られるので、定期的に情報を収集するアンテナを持っておくことが大切です。

# 05 宴会で金券を使えば、参加者から喜ばれ、自己負担もゼロ

## できれば避けたい宴会幹事。それでも幹事をやるワケ

自衛隊の組織は、完全な階級社会で、業務も縦割りの関係が強い職場です。そんな職場であるからこそ、たまには、腹を割って話ができる場を設けるという意味もあり、お酒の席を大切にしていました。

定年退職を迎える方を祝うことはもちろん、昇任昇級祝い、競技や大会での祝勝会、転出入による歓送迎会など、折をみて酒宴が設けられます。

酒宴の席には当然、各セクションの指揮官が出席することになるので、宴会のクオリティーも一定レベル以上を求められることになります。

そのため、幹事の下に副幹事を2名程度つけて、落ち度のない体制で臨むことになります。

宴会の案内のチラシ作りから知恵を絞り、お店の予約、お言葉を賜る方への根回し、出し物やゲームの準備、会計、収支報告、その他。

宴会当日、集合から解散まで気を使って役目を終えても、「今日の店、うるさかったよな」なんて、声を駅までの道中に耳にすると、悪意がないことはわかっていても真剣に落ち込みます。本気で上司や同僚に喜んでもらいたいと思える人でないと宴会幹事は務まらない。そんな大変な役目なので、どこの職場でも持ち回り制になっているのだと思います。

## 宴会幹事はカードポイントや株主優待券をフル活用

**何かと気を遣い、損な役回りの宴会幹事が一番得する方法も存在します。それは宴会代金を株主優待券とクレジットカードで払うことです。**宴会費用が1人5000円で、参加人数が20人であれば総額10万円。支払いに一工夫するだけで、数千円以上ポイントを貯めることも可能なのです。

私の場合は、10年前から大手居酒屋チェーンW社の株主になっています。

株主特典として、半年に一度3000円の優待券を受け取ることができる他に、業績の結果で増減はありますが、配当金を受け取ることができます。

購入したときの株価によって評価は変わりますが、10万円で買っていれば、1年の利益は優待6％、配当1％、15年持っていれば元本が回収できます。

銀行に預けた普通預金の金利が0・02％であるとすると、単純計算で350倍お金が動いていることになります。

オマケに、受け取り時にかかる税金は、配当金の20・315％のみ。つまり、優待にはかからない、お得な制度なのです。

「株主じゃないから使えない」と思うかもしれませんが、まったくそんなことはありません。全国の金券ショップを探せば、優待券を使用しない人が放出した金券が400円強の値段で売られていることもあります。

とくに狙い目は、有効期限の切れる2週間前。

店にもよりますが、私がよく利用する金券ショップでは、額面500円の優待券が350円前後で発売されていたことがありました。

優待券を350円で入手した場合、次のような計算になります。

1回の来店で使用できる枚数は、1人2枚。つまり、20人の宴会であれば、優待券を40枚使うことができます。

1枚350円×40枚＝1万4000円。お店で2万円として使える金券を1万4000円で手に入れたということは、1人5000円以下の会費であれば、自分の分は無料になるのです。仮に、幹事の知らないところで、ビール2本の追加があったとしても、1000円の余裕があります。あなたが気持ちよく支払い、追加料金を徴収することなく事を収められるのです。そんなやり取りを上司が知れば、必然的に「気の利く部下」と見られ評価も自然と高くなるでしょう。

## 株主優待＋クレジットポイント取得で2倍お得

幹事のメリットはこれだけではありません。総額10万円の飲み代のうち上限の2万円を株主優待券で支払い、残りの8万円はクレジットカードを使って支払います。

このとき、お店が発行しているクレジットカードを持っていれば、支払い額の5％程度のポイントが換算され、次回使用することが可能になります。

仮に、お店のカードを持っていなくても、自分が集めたいポイントやマイル提携のクレジットカードで払うことで、合計金額から株主優待を使用した額を引いた残高に対するポイントを加算することができるのです。

私の場合は1000円で15マイル貯まるカードのMileagePlusセゾンカードに集約しているので、今お話ししたケースであれば、8万円の支払いで1200マイル貯めることができます。

要点は次のとおりです。

①事前に金券ショップで2万円分の優待券を1万4000円で購入
②1人5000円で20名参加の宴会を優待券が使えるお店に申し込む
③支払い額10万円に対して上限の2万円を優待券で支払う
④残金8万円を自分のカードで支払いポイントを貯める

**結果**

●自分以外の参加者19名から9万5000円徴収（想定：お花・追加料金なし）
●自分の参加費5000円が無料＋余剰1000円
●自分のクレジットカードにマイレージが加算される
●上司の評価が上がる

「積極的に宴会幹事を引き受けてマイルを貯めながら自分の評価を上げる」。無駄がないうえに、上司からの評価もぐんと上がる金券活用術です。

# 06 固定資産税や自動車税からもしぼり取るポイント術

## nanacoで公共料金を支払ってポイントを稼ぐ

セブンイレブンなどで使える電子マネーのnanaco、通常は現金でチャージ（入金）することが多いかと思います。提携しているクレジットカードに紐づけすることで、nanacoポイントと、クレジットカードポイントの２つのポイントを取ることができるのです。

ガスや水道、電気などの公共料金をセブンイレブンで支払うとき、nanacoカードに現金をチャージして払ったとしてもnanacoポイントはつきません。しかし、提携先のクレジットカードと紐づけをして、nanacoカードにチャージすることで、利用額に応じて、０・５～１・２％のカードポイントがつきます。

「水道などの公共料金はもともとクレジットカード払いになっているから必要ない」と思う

人もいるかもしれません。
公共料金には、月々の光熱費以外にも、固定資産税、住民税、自動車税、国民年金保険料などがあります。何をどれくらい支払うかは各家庭によって変わりますが、場合によっては年間100万円ほど払う場合もあります。

**振込用紙を持参してレジで払ったら得られるポイントはゼロ。このときクレジットカードからnanacoカードにチャージしたら、5000～1万2000円分のポイントを取得することができるのです。**

さらに、毎月セブンイレブンや提携先のイトーヨーカドーで月1万円ほど買い物をしているとしたら、クレジットカードからnanacoカードにチャージするだけで、毎月100ポイント、nanacoカード利用により100ポイントがつきます。1年間で計算すると各1200ポイントずつ。公共料金のポイントを合わせると、6200～1万3200ポイントが貯まる計算になります。
これまでとほとんど変わらない買い物や支払いをしているのに、nanacoとクレジットカードを紐づけして、クレジットカードからnanacoにチャージするだけで、ポイントが貯まる。

そう考えると、やらない手はありません。

## ポイント還元率よりも使い勝手を重視

nanacoカードは、紐づけするクレジットカードによって還元率が0・5～1・2％と大きく異なります。

では、いったいどのクレジットカードをnanacoカードと紐づけしたらいいのでしょうか。

**おすすめは、1・2％と高い還元率を誇るRecruitカード、もしくは還元率は0・5％と低いものの提携先が多いYahoo! JAPANカードです。**

もちろん、他にもポイントを貯められるクレジットカードはありますが、年会費がかかったり、地域によっては提携先がなかったりします。

また、日々ルールは変更されているため、使う前に確認する癖をつけておくといいでしょう。還元率1％で、楽天スーパーポイントが貯まる楽天カードは、2017年10月末でこのサービスを終了してしまいました。またYahoo! JAPANカードは、2018年3月から、還元率が1％から0・5％と約半分まで下がってしまいました。

ポイント還元率だけを見れば、1・2％のRecruitカードが一番お得です。しかし、あれもこれもとポイントカードを作るとポイントが分散されて効率が悪くなります。そのためできるだけ自分の生活に活かせるポイントをまとめて貯めることが大切です。

私が利用するサービスはＴポイントと提携をしているところが多いので、還元率０・５％の Yahoo! JAPAN カードを利用しています。

もちろん、どちらのカードでも年会費は無料です。Yahoo! JAPAN カードで貯める方は今までＪＣＢブランドのみが対象でしたが、２０１８年2月28日以降 VISA と Mastercard で、クレジットチャージを実施してもポイントが加算されるように改正されました。

nanaco ×クレジットカードの紐づけは、一見面倒くさいように思えるかもしれません。しかし、一度やり方を理解してしまえば、それ以降、税金はもちろん、水道代や電気代、国民健康保険などの公共料金はもとより、タバコや切手などを買ってもポイントを貯めることができます。

また、イトーヨーカドーを利用している場合、８のつく日はハッピーデーになり、nanaco カードで食料品や衣料品を支払えば商品を５％ＯＦＦで購入できます。また、イトーヨーカドーに入っているテナントによっては、さらに多くnanacoポイントが貯まります。

クレジットチャージをするのにも、ポータルサイトYahoo! JAPAN→カード→キャンペーンに登録をするだけで、クレジットチャージで得られるポイントが倍になる特典もあります。

キャンペーン中にチャージして1%、使う場所や日にちを選ぶことで5%ものポイントが貯まることになるのです。ここまで、目先が利くようになると、自動販売機でドリンクを買うときも、同じ値段であれば自然にnanacoカードが使えるお店を選ぶようになります。

この考えを身につけることで、あなたのポイントリテラシーはさらに磨かれていき、貯金の額も増えていきます。

今、住んでいる自治体が、この支払い方ができるエリアであれば、利用しない手はありません。

## 1ポイントも取り逃がさない資産家との差は開くばかり

私がこのスキームを友人から聞いたのは9年前でした。当時はわずか1%程度のポイントを取るために300円を出してnanacoカードを作るのがバカらしいと考えて作っていませんでした。

しかし、5年前に、ある投資家の有料セミナーに参加した際、自分の何倍も稼いでいる人がそのスキームを実践して確実に1%を節約していることを知り、大きなショックを受けました。これでは、その資産家と自分の資産額の差は増えるばかり。**資産がある人は、1ポイントですら無駄にしない。**その事実に気づいた瞬間でした。

ここまで読んでnanaco×クレジットカードスキームを実践したいと思ったら、まずはnanacoカードを無料で作ることから始めてください。通常、nanacoカードを発行するためには手数料として300円かかります。しかし、イトーヨーカドーで8のつく日にお客様カウンターでnanacoカードに1000円チャージすれば、入会手数料が無料となります。

近くにお店がない場合は、セブンイレブンの店舗が新しくできたタイミングに、新規入会キャンペーンで同様に作ることもできます。

かつての私がそうだったように、nanacoスキームを利用しない人も多くいると思います。ただ一ついえることは、やり始めた人は確実に変わり始めます。もしかしたら、10年後、20年後に、資産状況が大きく増えている可能性があります。

**「セブンイレブンは利用しない、たとえ公共料金を支払って1万ポイント貯まったとしても**

## nanaco×クレジットカードで1万2000円の得！

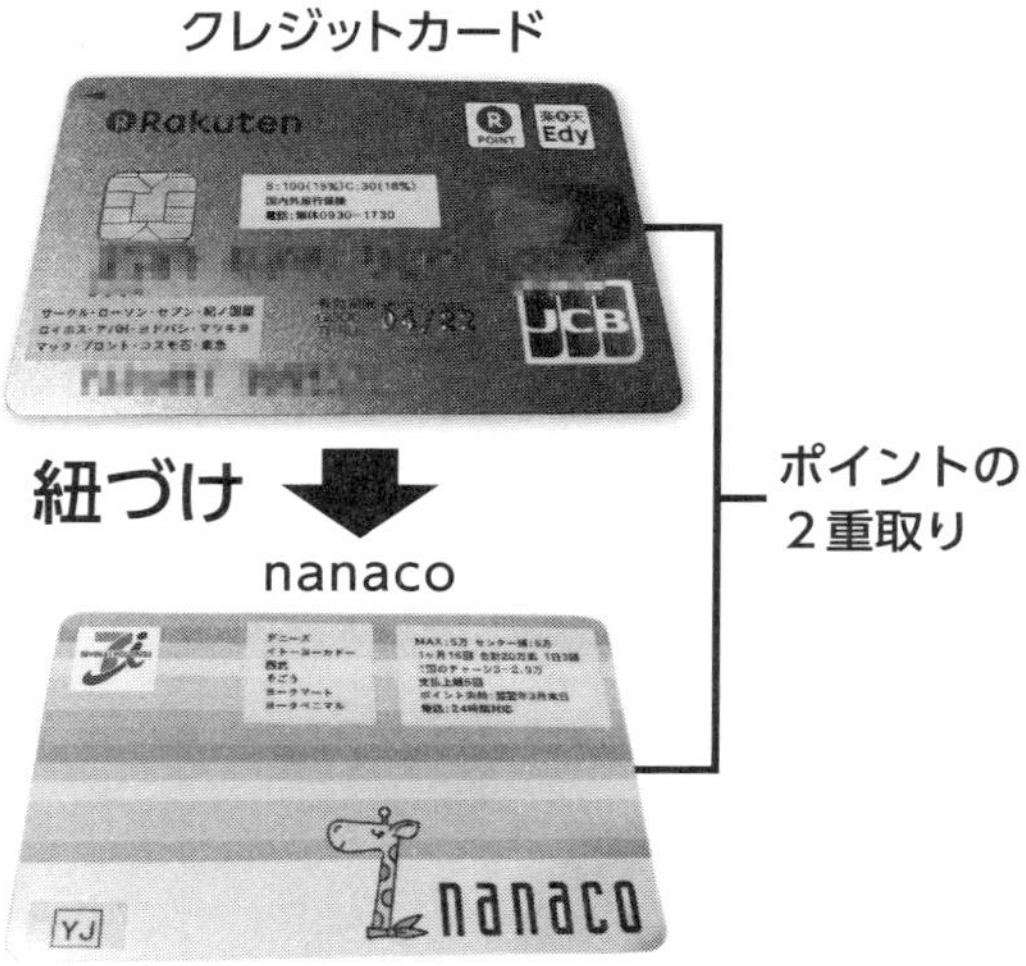


**たいした額じゃない」と思う人は、この先も今と変わらない生活を送っていることでしょう。**

面倒だと思ったことでも、最初にスキームを組んでしまえば、あとは単純なルーティンワークの繰り返しです。習慣にしてしまえば、ストレスを感じることなく節約のレパートリーが増え、自然と貯金体質になります。

07

# 年間10万円の得。ポイントサイト攻略法

## サイトを経由するだけでポイントが0・5~2%のプラス

ネットショッピングやクレジットカードを作るとき、直接サイトにアクセスしていませんか。このときポイントサイトを経由するだけで、ショッピングサイトだったら1%程度、クレジットカードの発行だったら数万円も得することがあります。

ポイントサイトは別名、お小遣いサイト、ポイントアプリなど色々な呼び方をされています。いずれもインターネット広告の一種で「アフィリエイト広告（成果報酬広告）」を利用した広告形態の一つ「リワード広告」というものを利用したウェブサービスです。

ポイントサイト最大のメリットは、ネットで買い物がしたい、あるいは旅行の予約をしたいといった場合に、ポイントサイトを経由することで、ポイント還元を受けることができる

## ポイントサイトとは？

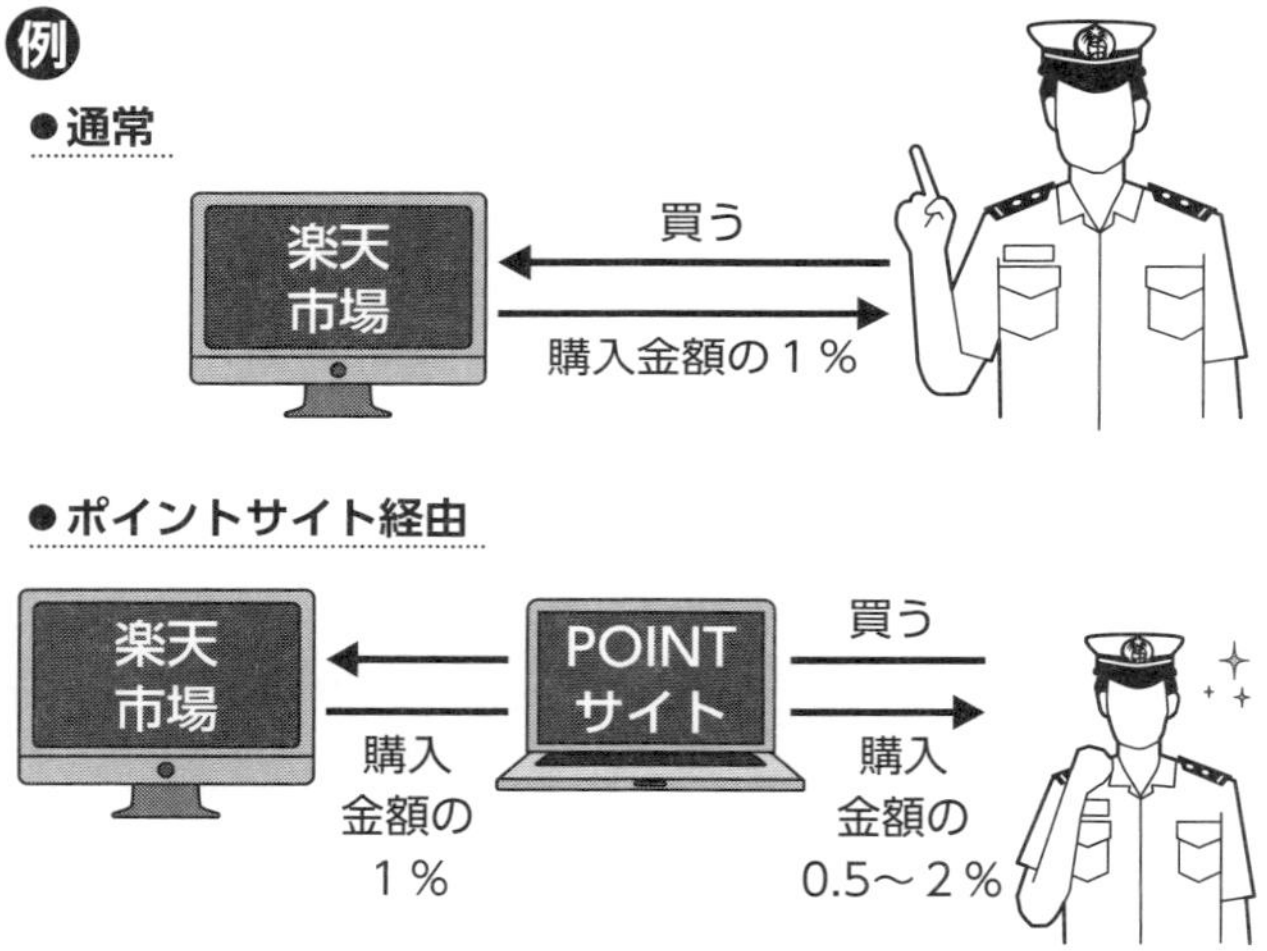


という点です。

たとえば、楽天市場で買い物をするとき、提携先のポイントサイト経由で買い物をするだけで０・５～２％のポイント還元を受けることができるのです。

使い方は簡単です。

まずは、ポイントサイトに会員登録をします。最近だとＳＭＳ認証（電話番号認証）が求められるケースが多いです。

ＩＤとパスワードが決まったら、ログインできるようになります。

ログインすると色々な広告が表示されます。その中から楽天市場の広告をクリックして、そのまま商品の購入などをすれば自動的にポイントが付与されます。

## 信頼できるポイントサイトの選び方

現在、ポイントサイトは、その使いやすさがランキングになっているぐらい様々なサイトが立ち上がっています。

しかし、せっかく貯めたポイントも、サイト自体が閉められてしまったら、ポイントを使うことはできません。そのため、初めから、信頼できるポイントサイトを利用することが大切です。私は、以下のような基準でポイントサイトの信用を判断しています。

- 上場企業が運営している
- 運営実績が5年以上ある
- 支払金額が1000円以下であり、換金しやすいルールとなっている
- ポイントの有効期限が2年以上ある

これらの項目を満たしていれば危険度は低いといえます。私が実際に利用している、ポイントサイトとしておすすめのサイトを2つ紹介します。

### モッピー

東証一部上場企業のセレスが運営するポイントサイト、運営歴は11年です。換金レートが1ポイント1円なので、ポイントの状況がわかりやすいのが特徴です。友人紹介で300ポイントがもらえる他に、紹介された友人の利用状況によって5〜100％のポイントをもらうことができます。1日に遊ぶ回数に制限がある物もありますが、簡単なゲームをするだけで、細かなポイントを稼ぐこともできます。

貯まったポイントは300ポイント単位で提携している銀行に出金することができますが、その際、少なくとも30ポイントの手数料を払う必要があります。Amazonギフト券やnanacoポイント、WAONポイントであれば、ポイント還元は500ポイント単位となりますが、手数料をかけることなく変更することができるのでお得です。

### ハピタス

運営会社は、株式会社オズビジョン。上場はしていませんが、ハピタスとしての運営は5年以上、名前を変更する前の期間を入れれば、10年くらいの歴史があります。

ハピタスのサイトはシンプルで見やすく、初心者も操作しやすいのが特徴です。

また、100ポイント＝100円なので、交換レートを勘違いすることもありません。ゲームでポイントを貯めることはできませんが、楽天市場での買い物1％。ヤフーショッピング、ヤフオク出品、落札0・5％。宿泊予約サイト（アプリ）のagodaを使っての予約宿泊は3％のポイントが貯まります。色々なキャンペーンを実施することが多く、通常のポイントに加え0・5〜2％余分にポイントがもらえることもあります。さらに貯めたポイントを490ポイントで500円分のiTunesギフト券やAmazonギフト券に変更するとも可能です。

個別の案件では、他のポイントサイトのほうが高いポイントをもらえることもあります。しかし、**あちこちにポイントを分散しても、移行する手間がかかる他、支払い最低金額より低い金額は、移行できないことを考えると、利用するサイトを一つか二つ程度に絞り、確実にポイントを稼ぐことが賢明です。**

頭で仕組みを理解できていても、買い物するたびにポイントサイトを経由してポイントを取り逃がさない習慣がつくまでは、時間がかかるものです。ネットでお金を支払う前に取れるポイントを取り逃がさないように習慣づけることが大切です。

# 08 クレジットカード10枚をフル活用。取り逃がしは1%未満

## カードは複数枚持つ

「お金を貯めたかったらクレジットカードは1枚に絞る」「ポイントばかりを追いかけない」。お金について書かれた本やＷｅｂメディアには、このようなことが書かれていることがあります。クレジットカードを持つとつい使いすぎてしまう人や、目の前のポイントばかりに目を取られて時間を無駄にしている人には、よく響く話だと思います。

対して私の場合は、その逆でクレジットカードを10枚所有しています。クレジットカードを持っているからといって、必要のないものを買うことはありません。買い物するときは一番得する方法を考える癖がついているため、衝動買いをすることはないのです。

それどころか、クレジットカードを複数枚所有していることで、ポイントの取り逃がしは1%未満。カードを持つことで各社の特典を得ているのです。

まず1つ目は、無料のクレジットカードを作るだけでポイントサイトや、カード会社のポイントをもらえることです。これについては前にも書きましたが（111ページ参照）、1回につき3000〜1万ポイントを取得することができます。同時に、各社のカードを持っているためポイントの取り逃がしがなくなります。

2つ目は、海外旅行保険代の節約＋補償額の引き上げです。クレジットカードには海外旅行保険が付帯されているものも多く、海外旅行に行くときにわざわざ保険をかける必要がありません。万が一、現地でケガや病気をしたとしても、保険料が複数のクレジットカードから支払われることになり、手厚い治療を受けることができます。

ほかにも、海外でＪＣＢブランドが使えないお店があったとしても、VISAなどの別ブランドのカードを持っておくことで、滞りなく買い物をすることができます。また、紛失や盗難にあっても、カードを複数枚分散して持ち歩いていれば、現金がなくても旅を続けることが可能です。

では、私の保有している複数枚のカードの中で利用頻度の高いものについて紹介します。

## ❶楽天プレミアムカード

年間費1万円＋税。年会費を高いと思うかもしれませんが、海外旅行に行く人にとって必須のカードです。

世界500都市1000か所以上にある空港ラウンジを利用できる「プライオリティーパス」（年間費399ドル）を無料で申請することができるので、提携しているファーストクラス、ビジネスクラスラウンジを使うことができます。

また、提携している空港までの手荷物無料宅配サービス（1回：2160円）を年2回利用することができます。海外旅行保険が利用付帯から自動付帯に変わり補償枠が広がることも助かります。

楽天市場で買い物をした場合、通常1％のポイント還元率が5倍になります。誕生日月は6倍。ＥＴＣのカード年会費500円が無料になるほか、電話での問い合わせが専用デスクの対応に代わります。

## ❷MileagePlusセゾンカード

年会費1500円＋税。毎月の利用額1000円につきユナイテッド航空のマイルが5マイル貯まります。追加年会費5000円＋税を支払うことで、毎月の利用額1000円につき15マイル貯められるお得なカード。マイルの有効期限は最後にマイルの増減があった月から18か月後。つまり、1年に1度、1000円以上の買い物の支払いに使ってさえいれば、失効することはありません。さらに特典航空券での旅行には燃油サーチャージを取られません。死亡保障3000万円など手厚い海外旅行保険が自動付帯されています。

また、燃油サーチャージが取られないカードでありながら、コスモ石油を利用すると1000円につき20マイル貯まるお得なカードでもあります。

年間利用料が200万円を超えた分は1000円につき5マイルに下がります。年間利用額が200万円以内の利用者は、このカードでマイルを貯め旅行できる機会を狙うことが、無駄なコストを払うことなく、マイルを貯められる堅実な方法です。

### ③ Yahoo! JAPANカード

年会費無料。ファミリーマート、ツタヤ、ウエルシア、ドトールなど全国77万店舗と提携しているTポイントが貯まります。税込み金額の0・5～1％の還元率でポイントを貯めることができます。セブンイレブンのnanacoカードにクレジットチャージをすることで、0・

5％のTポイントを稼ぐことも可能です。

コンビニ支払いが対応していない公共料金をYahoo! 公共料金で払ってポイントを貯めることもできます。1万円以上の購入商品に関しては、破損、盗難、火災などの偶然の事故により損害を被った場合90日間、動産総合保険により補償が受けられます。

ポイントの有効期限が、最後に増減した日から1年なので、年に1回でも買い物をすることで、実質無期限にすることができます。

Yahoo! JAPANのホームページの中で定期的にキャンペーンを発表していて、対象キャンペーンに登録するだけで、ポイントが2～3倍多くもらえることもあります。

## ❹Majica donpenカード

電子マネーとしての機能もある、ドン・キホーテのクレジットカードです。

クレジットチャージで1・5％、チャージしたクレジットから支払うとさらに0・5％ポイントが貯まります。

1000円以上の会計をするとき、レジで提示するだけで10円未満が切り捨てになる円満会計という制度があります。935円の商品を購入した場合、消費税込みで1009円の合計になります。9円以下は切り捨てられるので会計は1000円になるのです。この切り捨てられた9円の割引率は0・9%≒1%。さらに物を安く買うヒントがここにあります。スマホにmajicaのアプリをインストールしてカード番号を登録することで、アプリ内の会員証バーコードで支払いができるようになります。

持ち歩くクレジットカードが減るので財布の中がスッキリするばかりか、店頭にある機械でクジ引きをすることによりポイントや、割引クーポンを手に入れることができるので、さらにお得に買い物をすることができるカードです。

## ⑤ Recruit Card

私は、年に2〜3回しか使う機会はありませんが、予備のクレジットカードとして保管しています。また、海外に出かけるときに空港までの交通機関の支払いをこのカードで行うことで、海外旅行保険が付帯されることになるので、他の海外旅行保険と合算することで、補償額を引き上げるために保有しています。

なお、複数枚のカードを所有すると、暗証番号の管理や利用明細のチェックなど管理が煩雑になってきます。暗証番号は忘れても大丈夫なようにリスト化する。明細はカードごとにきちんと1冊のファイルにまとめる。これである程度整理することができます。

自分のライフスタイルに合ったクレジットカードをメインにポイントを集中させる。提携がないお店での買い物の際は、サブのカードを使い、ポイントの取り逃がしを減らす。また、カードに付帯されている特典を上手に使うことで、あなたの資産が増えるスピードが増します。

**クレジットカードを使って得をするためには、ルールを理解することが大切です。約款を見て理解することは大変ですが、各カード会社に、疑問点を質問することで、大筋は理解することができます。**

海外に出かけるとき、自分が貯めたポイントやマイルで、エコノミークラスをビジネスクラスにアップグレードできたら、それだけで気分がよく、広いシートにゆっくりと体を倒し、くつろぎながら映画を観たり、読書を楽しむことができます。長時間のフライトも気にならないくらいリラックスして快適な旅を楽しむことができたら到着後から活動的に行動することができるでしょう。

## ポイント・クレジットカードを使うメリット

①現金なしで買い物ができる
②ポイントやマイルが貯まる
③海外旅行保険がついている
④空港ラウンジが使える
⑤国内外のATMから出金ができる

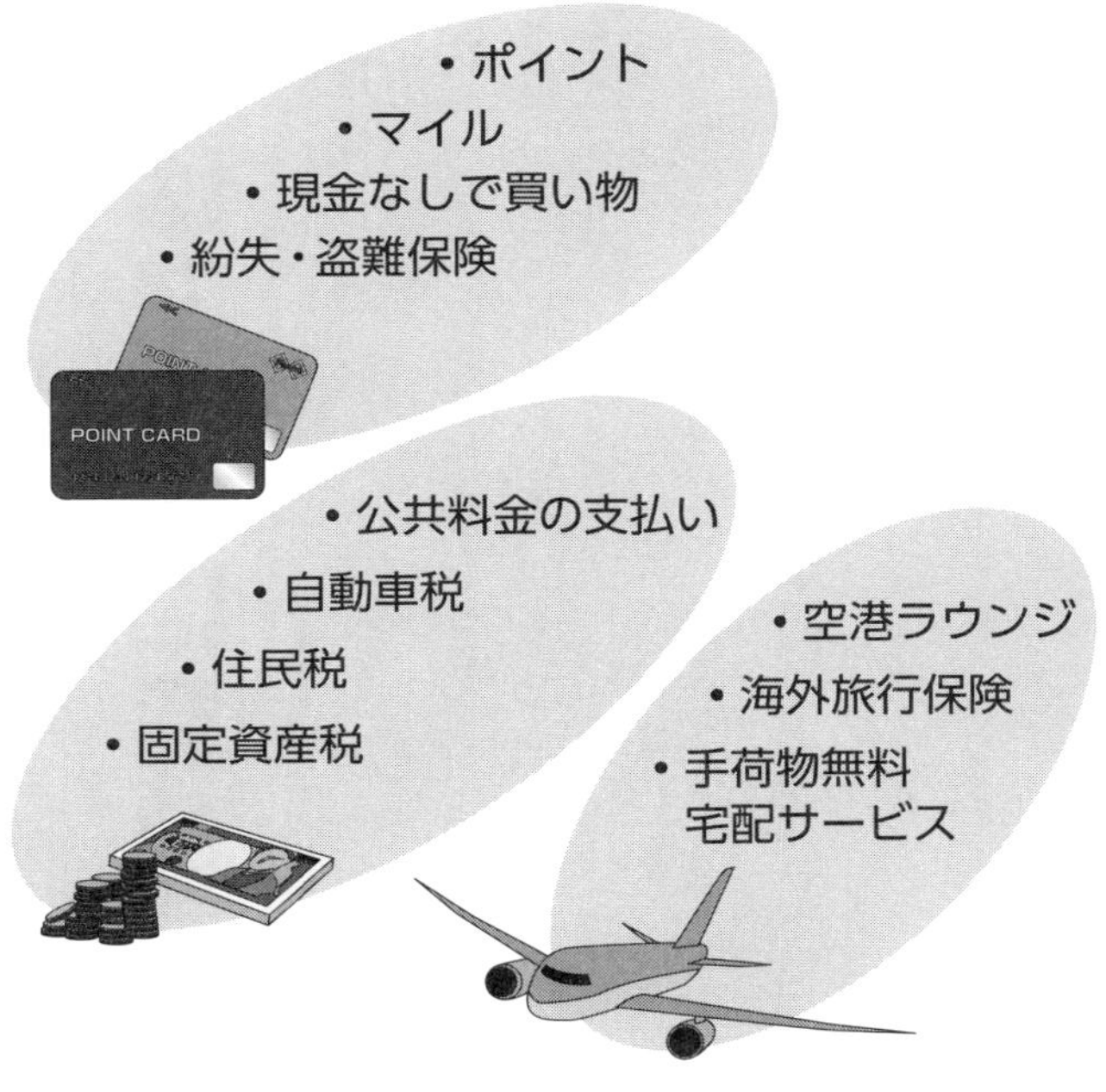

## 09 地球3周分。貯まったポイントはマイルに変換

### 地上でマイルを貯め、無料で空を飛ぶ

マイレージサービスでは、貯まったマイルに応じて特典航空券や座席のアップグレードが受けられます。

ただ、マイルを貯めるというと、長距離路線に乗るイメージを持つ人もいるかもしれません。しかし、これまでもご説明してきたように、実際には飛行機に乗らなくてもマイルを貯めることはできます。むしろ、年間何度も海外に行く人は少ないので、買い物や、税金、光熱費などの支払いで、コツコツと貯めることのほうが現実的です。このように陸にいながらマイルを貯める人のことを**「陸マイラー」**といいます。

私が自衛隊で勤務していたときは、急な出港等が入ることも多く、長期的な予定を入れることが難しかったため、マイルを使う機会はほとんどありませんでした。そのため現役時代はひたすらマイルを貯めて、退職後に特典航空券で世界一周等をするためにマイルに関する情報を取得しました。**私が20年近く陸マイラーとしてマイルを集めるのに利用したクレジットカードは、これまで述べてきたとおりユナイテッド航空のマイレージプラス**です。

年間のカード利用額が200万円を超えないくらいだったので、これより高い年会費を払いカードのグレードを上げることもありませんでした。

1マイルを金額に直すと、使い方により大きな開きがありますが、エコノミークラスで短距離路線を利用したら2・5円、長距離路線のビジネスクラスを乗るのに使ったら8円以上の価値があります。

年間100万円の生活費の支払いを現金で払っている人がこのカードを使って支払うだけで1000円で15マイル貯まるので、年に1万5000マイル貯めることができます。

韓国までの往復に必要なマイル数がローシーズンで1万2000マイルであることを考えると軽視することができない金額になります。

おまけに、ユナイテッドの特典航空券は、通常であれば、燃料価格に連動して支払う燃油サーチャージ代がかかりません。原油価格が上昇したときは、アメリカやヨーロッパなどの長距離路線であれば、６万円を超えるチャージ代を節約できることになります。

さらに、国際線のマイル旅行に国内線航空券を含めることができます。

つまり、北海道から東京経由でハワイに行くときに、一定の条件を満たしさえすれば、「羽田までの往復の国内フライトが無料になる」、とても得をするルールになっているのです。

成田発でも北海道発でも外国の目的地まで必要とするマイル数に違いはないのです。

また、出発地が成田であっても、帰国後に大阪等に行きたい人なら、滞在地から関西空港行きの提携便さえあれば帰着地を関空に設定することができるほど、マイル旅行の利便性は高いのです。

通常、航空券は滞在日数が長くなるにつれ、値段が高くなります。日程や路線が決まっているＦＩＸチケットに比べると1年オープンチケット料金が高いのはこのためです。マイル特典航空券は、最大滞在日数が1年で設定されているので滞在する期間が長くなればなるほど得をすることになります。

## 海外の航空会社のマイルで国内線に乗る

貯めたユナイテッド航空のマイルを使って、国内線に乗ることも可能です。

ユナイテッド航空は日本国内の就航路線を持っていませんが、世界最大の航空連合「スターアライアンス」にANAが加盟しているので移動距離が800マイル以下（例：羽田〜福岡）であれば、5000マイルの利用でANAの国内線の特典航空券（片道）を手に入れることができます。

また、日本国内の定期路線（LCCも含む）に乗るだけで、1回のフライトで500マイル。年10フライトで5000マイルがデルタスカイマイルに貯まるキャンペーンが数年前からあります。

つまり、**利用した航空会社のマイルは利用した航空会社で貯める。同じ半券をデルタ航空に申請するだけでデルタスカイマイルが貯められるほど、マイルの世界は不可思議であり、知っている人にとっては、お得な世界です。**

税金や光熱費、日頃のお買い物の支払いを現金からカードに変えてマイルを集中して集めることで、空港使用料だけで海外に移動することができる。そんな日がやってくることになります。

# 10 トリップアドバイザーでマイルを稼ぐ方法

## トリップアドバイザーで月最大1500マイル

「クレジットカードは持っていないけれど、ANAかJALのマイルを貯めたい」という人におすすめなのが、観光地や宿泊施設、レストランのレビューを書くだけでマイルが貯まる「トリップアドバイザー」というサイトです。

サイトに登録してレビューを書くだけでANAであれば毎月最大1500マイル、JALであれば、毎月最大600マイルが自分のマイル口座に振り込まれます。

**1本のレビューは、50文字以上。1年以内に訪れた宿泊施設、観光名所、レストランなどの感想を書くだけで1記事5~20マイルもらうことができます。**感想が、誹謗や中傷、逆に店の宣伝ばかりだと、特定の営利目的と思われて、掲載をしてもらえないこともあります。

大切なのは、利用者目線で、オリジナリティある読みやすい記事を書くことです。たとえば、朝食を摂るのに使った、松屋の納豆定食を左の文例のようなシンプルな記事にするだけで掲載してもらえます。

**タイトル：松屋は朝定がオススメです！**
松屋は朝定がオススメです！　定番の納豆定食は、納豆、たまご、のり、漬物、ご飯、味噌汁で360円ととってもリーズナブルです！

私は、自衛隊を退職する約3年前から、毎月レビューを書き、レビューで貯めた5万ANAマイルに加え、楽天やTポイントなどをマイルに変換して世界一周旅行に行くことを計画していました。しかし、世界一周に出かける時間を確保する前に一部のマイルが3年の有効期限を迎え失効直前だったため、計画を変更して海外にある別荘に60日滞在するための往復航空券として利用しました。往復で支払った飛行機代は、空港使用料＋燃油サーチャージ代、約5000円で済みました。通常であれば2万円かかる予約変更手数料もかからなかったので、大変助かりました。

## 口コミが少ないスポットが狙い目

「トリップアドバイザー」で、ポイントを効率よく稼ぐ方法は、ポイントが多くもらえる記事を選んで書くことです。1か月でもらえる上限は1500マイル、1記事20マイルだと75個で済みますが、5マイルの記事だけで投稿したら、300記事が必要になります。

1記事4分で書いても、75記事を書き終えるのに5時間が必要になります。

どの記事を書くとどれくらいのマイルをもらえるかは、掲載されているお店などの口コミに表記されています。

**すでに20件以上口コミがついているお店の口コミを書いても、もらえるマイルは低くなっていることが多い**です。

都内のラグジュアリーなホテルや有名なレストランはすでに100を超えるレビューがついているので、狙い目は、地方の中小都市のよくある定食屋さんや居酒屋さん、ラーメン屋さんなどです。もちろんチェーン店であっても問題ありません。

また、近くの温泉、スーパー銭湯。家の近くの図書館、公園のレビューでも掲載されれば、しっかりとマイルを稼ぐことができます。

せっかく書いても掲載されなければ、何も生みませんので、一度、口コミを書いたお店は、3か月経ってから再度投稿するなど、掲載条件を満たした内容に仕上げましょう。記事を書くスピードを上げるために、文を簡潔明瞭にする。よく使う言葉をあらかじめスマホやパソコンに単語登録しておくと、入力する時間を短縮することができます。

慣れないうちはレビューを書くだけで時間がかかり、疲れる作業ですが、3か月もすれば時間をかけずに効率よく書く力が養われていきます。

観光地はもちろん、レストランや訪れた美術館の感想を記事にすることで、マイルを増やすことができるトリップアドバイザーはマイラー必見の便利サイトです。

# 11 アンケートに答えてポイントを稼ぐマクロミル

## ポイントをもらえる以外にもメリットあり

「アンケートに答えることがお金に変わる」。こんな仕組みが世の中に存在することを知ったのは今から7年ほど前です。すでにご存知の人も多いと思いますが、アンケートモニターになってポイントが貯まる、マクロミルです。

当時は、在宅中に空き時間を見つけては、アンケートをどんどんこなしていって、月1000円くらいの報酬でした。一つのアンケートに回答して得られる報酬は2分程度で2〜5円ほど。アンケートの回答に慣れても1分はかかるので、効率のいい物ではありません。

しかし、**子育てや介護にかかりっきりで、まとまった時間をとることが難しい人にとったら、隙間時間にアンケートを答えるだけで、報酬が入るので利用する価値は十分にあります。**

真面目にアンケートに答えていると、高額アンケートに答える機会にも恵まれますし、報酬は500円の商品券程度ですが、開発中のスナック菓子A、B、Cを食べ比べて感想を規定日までに記入して回答する。洗剤などの試供品を日々の生活の中で試すなど報酬以外のメリットを享受することもできます。

また、座談会や体験モニターなどに選ばれると、指定された場所に被験者が集められ新商品の意見をメーカーに伝えるだけで、交通費を含めて数千円程度の謝礼をもらうことができます。今では、アンケートモニターサイトの会社も増え、infoQ、楽天リサーチ、オピニオンワールドなど、稼ぐチャンスも増えました。

地道な作業ですが、時間や場所を気にすることなく、自分のペースで回答したことが目に見えるポイントになっていくのは嬉しいものです。

マクロミルの場合、貯まったポイントは500円から、ゆうちょ銀行やジャパンネット銀行、みずほ銀行などの口座に振り込んでもらうことができます。振込手数料はマクロミルの負担です。銀行口座に振り込んでもらうよりお得なのは、楽天ポイント、ポイントサイト、アマゾンギフト券などに変更することです。キャンペーンを上手く利用すると1000円相当のポイントを980ポイントで交換することもできます。

普段使用しているメールアドレスでアンケートサイトに登録すると、一日に何通も届くアンケート依頼メールで埋もれることになります。そのため登録する段階で、アンケート専用のフリーメールを準備して、IDを取得することをお勧めします。それと、携帯電話のアドレスで登録して、キャリアを変更したあと、登録メールがない状態でしばらく放置したらせっかく貯めたポイントが全部失効します。登録情報の更新には注意が必要です。

資産を増やすためには、支出を減らして貯金を増やすこと。ポイントを貯めることは支出を減らし、貯金を増やす手助けをしてくれることになります。また、**ポイントの取得制度などを細かく確認する癖がつくことで、常に情報を的確に理解し、漏れや抜けがないように確認すること。その姿勢がその後の投資を行う際にも生きてきます。**

COLUMN 2

## 交通系ICカードのチャージをクレジットカードに紐づけ

定期券を買うのに現金支払いしている人は、毎回ポイントを取り逃がしています。地方の交通系ICカードであってもクレジットカードで定期券を購入することもできれば、チャージすることもできます。

Suicaとは、JR山手線など東京を中心に営業を行っているJR東日本が発行している交通系ICカードです。

現在、多くの電子マネーが全国相互利用を展開しているので、東京でチャージした電子マネーを大阪の電車や私鉄でも使うことができる便利な世の中です。

そのうえ、交通系ICカードで電車料金を支払うと1円単位の金額が繰り上げられないIC運賃になるので、券売機で切符を購入するより安く移動することができます。

また、運賃オートチャージの設定をしておけば、いちいち券売機でチャージすることなく、改札機にタッチして入場するだけで設定した金額が入金されるので、残額不足でゲートが閉められ後ろの人に迷惑をかける心配もありません。

切符を買う手間を省きながら、ＩＣ運賃のお得な金額で乗車することができ、乗り越し精算も不要。便利なSuicaですが、もっとも大きなメリットは、チャージしたときにカードによっては、１・５％のポイントが貯まることです。

私が数年前から使っている「ビックカメラSuicaカード」は、定期券はもちろん、コンビニやレストラン、タクシーやレンタカーなど利用できる店舗も広がり、利便性が上がりました。スマホケースの中にSuicaを入れておけば、財布を忘れたとしても、電車で帰れる、自販機のジュースが買える、クレジットカード機能がついているのでカードで買い物ができるなど、精神的な余裕も与えてくれます。

こんな便利なカードなので、年会費はそれなりにするのかと思いきや４７７円＋税です。

しかも、ありがたいことに初年度無料のうえに、年に1度でも使用したら、この年会費が無料になります。

さらにすごいことは、国内の電車移動中（改札口を出るまで）、海外旅行に出かける場合は、家を出てから帰宅するまで、旅行保険が自動で付帯されるのです。

また、「ビックカメラSuicaカード」は電車以外にも、電化製品を購入するときに大いに役立ちます。

ビックカメラで、現金購入した際は10％

のポイント還元を受けることができます。

一方、クレジットカードを使った場合、ポイント還元率は8%になります。

もっとも得な使い方は、このカードにチャージしたSuicaで支払うことです。チャージしたときに1・5%がSuicaカードに貯まることになります。つまり、オートチャージ上限の2万円以内の買い物であったら11・5%のポイント還元も可能というわけです。

ビックカメラで貯まったポイントは、Suicaにチャージすることで、公共交通機関で使うこともできます。ただ、還元率が落ちるので、次回、電化製品を購入するときに使用することをおすすめします。

電車に乗って貯めたポイントは、駅構内にあるVIEW ALTTEという機械でSuicaにチャージすることができます。

VIEW ALTTEは、どこの駅にもあるわけではありませんが、銀行のキャッシュカードで出金することもできます。手数料がかからないキャッシュカードを持っている方は入金はできませんが、ATMまでの移動時間を節約することができます。

ビックカメラSuicaカードのご利用明細書を郵送からWebにするだけで、年間600円相当のポイントが貯まることも見逃せません。

関東の地下鉄をよく使う方は、ソラチカカードを使うことをお勧めします。年会費2000円＋税（初年度無料）ですが、東京メトロを利用すると1回5ポイント、土休日であれば15ポイント貯まります。ここで貯めたポイントは100ポイントを90ANAマイルに移行することもできます。

ソラチカカードは海外旅行保険の他に、国内航空傷害保険、海外でのショッピングガード保険も付帯されています。ANAでマイルを集めている人にとっては、貯まるスピードを速めてくれるお得なアイテムになります。

「1ポイントも取りこぼさない姿勢」は、将来、投資をするうえにおいて非常に役に立ちます。たとえば、投資では複雑なルールを理解しなければ大きく損をする可能性もあります。そんなとき、一つひとつ約款や情報を細かくチェックしていくことで、大きくリスクを下げることができるようになります。

節約も、ポイントも、すべて投資。今までなにげなく取り逃がしていたポイントを取り逃がさなくなるだけで、お金の使い方だけでなく、時間の使い方も確実に変わっていきます。

# 第3章

## 時間をお金に換える
# 行動管理術

# 01 手帳を使えば時間、お金、行動の無駄がわかる

## 毎日の行動を手帳に記録し評価アップ

私が、自衛隊に入隊した頃の教育隊では、日記をつけることが義務づけられていました。管理をする立場の班長と「交換日記」をすることにより隊員一人ひとりの心情を把握するための制度です。

北海道から入隊した同期は、「交換日記」のほかに個人的な日記をつけていました。ただでさえ自由時間の少ない環境下でなぜ、わざわざ日記を書くのか訊ねたら「今の自分の感情や考え方を記録することで、後で振り返ることができるから」「それに、長く書き続けたら、裁判の証拠にもなるんだよ」と答えたのでした。

私は、「裁判の証拠になる」というところになぜか釘づけになりました。

それは、万が一、自分が覚えのない容疑をかけられたときに、「自分の行動を記録して答

えられるようにしておけば、身の潔白を証明できるのではないか」という考えからでした。

そのためには、毎朝何時に起きて、何をして、どこに出かけて、誰と会い、何時に帰って、何をして、何時に就寝したかを細かく記録することが必要だと感じました。

もともと、記録を残すことが好きな性格だったので、手帳をつける習慣は私の生活に自然に馴染み、そのメリットは思っていたよりも早く実感することができました。

教育隊でクリアしなければならないカリキュラムは修業まで予定が決まっています。隊員の視点は、今週予定されているスケジュールをどう乗り切るか、テストで赤点を取らないために、どこで勉強を頑張るかに集中しているため、誰も手帳をつけていないのです。

そのため「射撃訓練を実施した日」や「潜水艦を見学したのがいつだったか」など、過去を振り返るとき、私の手帳が同期の疑問を解消するのに役立ちました。その結果、「あいつはキッチリしている」とまわりからの評価も上がりました。

## 手帳をつけ、振り返ることで時間とお金の無駄に気づく

**手帳の効果はスケジュールを把握できるだけではありません。自分の使ったお金を記録す**

**ることで、今月は何にいくら使ったのかを振り返ることもできます。**

自衛隊は衣食住がかからない環境であったので、使ったお金を項目ごとに分けて無駄を見つけることまではしませんでした。

しかし、だからこそ何にいくら使ったかを手帳に記録するだけで、お金に対する意識が自然と高まり、貯蓄体質に変わっていきました。

また、自衛隊で養われた「無駄を省く精神」は、普段の生活の中でも生かすことができました。たとえば「バスや電車の支払いはPASMOよりもお得な回数券を使う」「夜食のパンやカップラーメンは食べることが習慣にならないよう極力我慢する」など、自分でできる節約を考えるようになりました。

給料日前にお金が足りないと感じている人は、自分が何にいくら支出をしているかを把握するために、毎日手帳に記録することをおすすめします。

毎日の記入が続いたら、毎月の支出が把握できるようになり、やがて年単位での支出も把握できるようになります。年の支出を計算できた時点で、あなたの脳は貯蓄体質に変わっているはずです。お金の貯まる人は、日々の生活の中で、何が無駄で、何に時間とお金を使うべきかを考えています。

## 手帳の見本

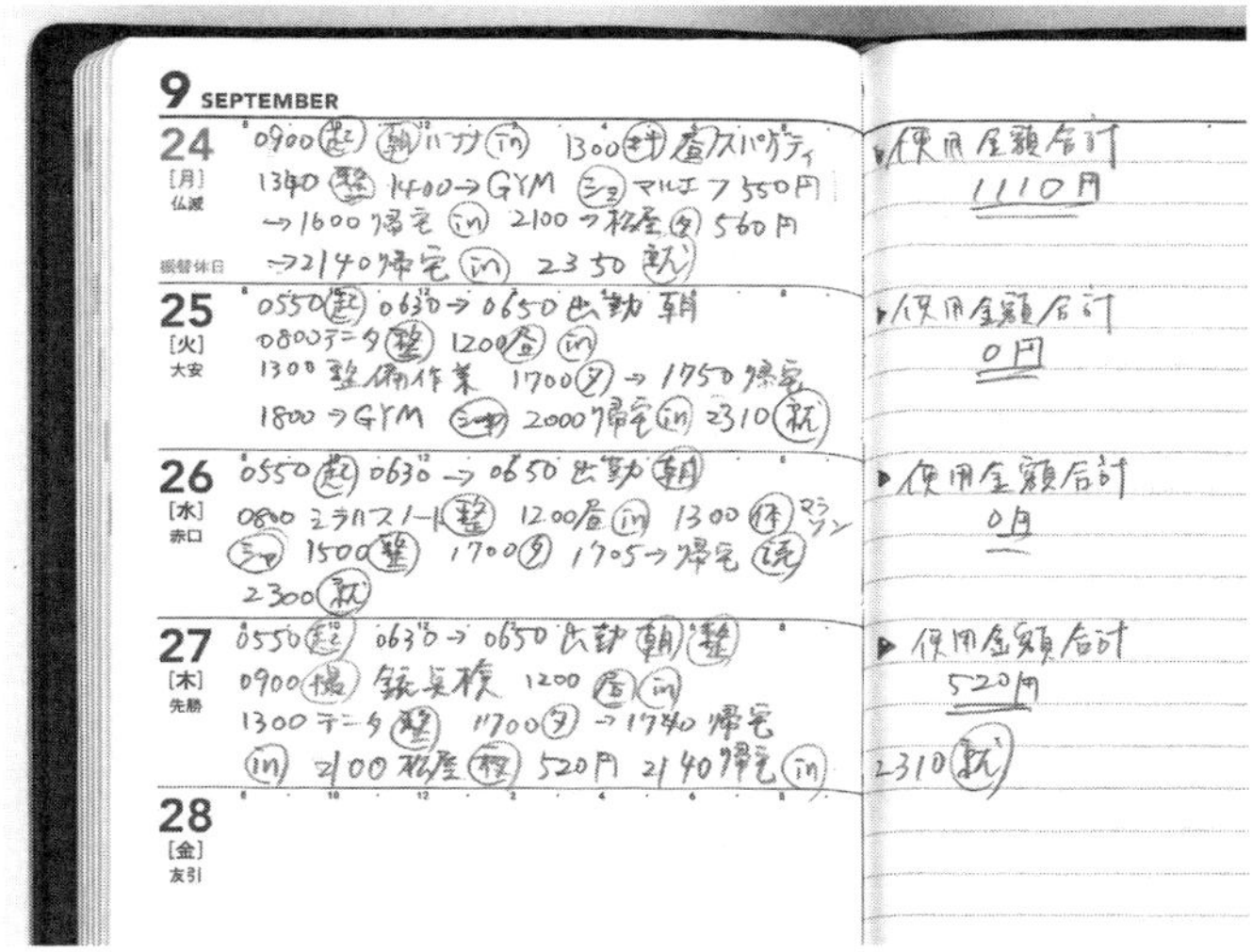


㊝……起床　夕……夕食　整……整理・片づけ　図……図書館
料……料理　夜……夜食　ショ……ショッピング　就……就寝
朝……朝食　シャ……シャワー　体……体育
昼……昼食　in……インターネット　読……読書

毎日、時間とお金を節約することを考えているからこそ、両方を考慮したうえで得する行動を取るようになります。たとえ、金銭的に損をすることがあっても、授業料としてプラスにとらえ、次回は同じ過ちを犯さないようになります。

**手帳をつけることで、無駄な行動や出費に気づき、時間とお金を一層大切にするようになる**のです。

02 やるべきことを毎日チェック。常に目標を確認する

目標を手帳に書いて常に確認すれば夢は叶う

「What is your New Year's resolution?」(あなたの新年の抱負はなんですか?)

20代後半、日米共同使用の基地での勤務にも慣れ、英語能力向上、異文化を知るために夜勤で暇な米軍の職場に遊びにいっていたとき、アメリカ軍人から質問をされ返答につまったことがありました。

それに引き換え友人は「自分の家族を幸せにする」「大学に行って学位をとる」など、しっかりとした目標を答えたのです。

そのとき、アメリカ人には新年の抱負を発表し合う習慣があると知り、以来、年初めに目標を決め、手帳に記すようになりました。

「成功の9ステップ」で有名な経営コンサルタント、ジェームス・スキナー氏によると、**「世**

**の中の人のうち、明確な目標を立てる人はわずか3％」**だそうです。**「さらにその中で、目標を書いた紙を持ち歩いているのは1％の人だけ。この1％の人たちが社会の行方を決めている」**といっています。28年間手帳をつけ続けてきた私も、その考えに大変共感できます。

明確な目標を記入して、最低でも1日に1回は立てた目標を確認する。潜在意識に叩き込めばモチベーションが上がり、自然と行動が促されます。その結果、手帳に書いたとおりの夢が実現するのです。

自衛隊の仕事がきついとき、何度か辞めようと思ったこともありましたが、手帳を見る度に「南極に行く」という目標を目にしました。

それによって「南極大陸の地を踏むまでは」と退職を思いとどまり、目の前の仕事に前向きに取り組むことができました。

## 「書いたことを一旦忘れる」＋「月間予定は前年の12月に書く」で目標達成

手帳を上手く使うコツは、「常に持ち歩き、いつでもメモでき、見直す態勢を作っておく」、「変更等があった場合、必ず修正することを忘れない」を徹底して行うことです。

また、手帳に目標を書くとき、私が気をつけていることは2つあります。

1つ目は、**「手帳に書いたことは一旦忘れる」**ことです。

常に手帳を見る癖をつけているため、書いたことは忘れるようにしています。そうすることで常に新しい情報を脳にインプットすることができ、さらに目の前のやるべきことに集中できるからです。

必要な情報は手帳にアウトプットする癖をつけることで、理解が深まり、知識として使えるようになります。

2つ目は、**「月間予定は前年の12月に書く」**ことです。

毎年12月になると、翌年使う手帳に1年間のおおよその予定を書き込みます。固定資産税の支払い、確定申告提出期限、参加したい大きなイベントなど、手帳を見れば、いつどんなときにどのような行事があり、お金はいくらかかるのか一目でわかります。

こうしておくことでその年にやるべき一年の行動、支払うお金の予測もつきます。

支出の額も行動もあらかじめわかっていれば、無駄なお金や時間を使うことなく行動ができます。

できるだけ早く自分に合った手帳を探して、その先10年効率の良い行動がとれるよう手帳についてあれこれと探求することも必要です。

スマホでスケジュール管理をする人も多いと思いますが、手書きのメリットは「すぐに書き込め、見たいときに見ることができる」、さらに「バッテリーを食わない、通話中に確認や記入がしやすい」ということです。

私も電話をかけたり、Webを見たりするためにスマホを使っていますが、この先10年は、紙の手帳を使うつもりでいます。

# 03 日常の中に潜む無駄やすきま時間を徹底追放

## 「地獄の学校」で身につけた時間節約術

海上自衛隊でもっとも過酷で時間の自由がない教育機関、「幹部候補生学校」。卒業式や入校式など、大きな式典が行われる約2週間前から、学生は環境整備や会場設定の準備に追われます。

式典会場の清掃や椅子並べをするのは、決められた教務や運動をする時間以外の学生の空いている時間。作業時間を捻出するために、夕食を食べるのか、入浴をするのか、どちらかを選択する必要に迫られるときも何度かありました。

そんな時間がない世界で生活しているからこそ、学生は時間を作り出す方法を編み出していきます。

たとえば、多くの学生は夕食を取るため食堂が開く17時半に入口前で長蛇の列を作ります。

しかし混雑を嫌う者は同じ時刻に全自動洗濯機に同室の隊員の洗濯物を無条件で入れてクイックモードでまわして浴室に向かいます。食事から帰ってきた同期は、脱水が終わった頃を見計らって洗濯物を干してから、浴室に向かいます。

その他にも、

「トイレ、食堂、浴室など、移動は常に小走りか速足」

「コンビニに出かける者は、同室の者の必要な物を聞いて、ついで買いをしてくる」

「制服やYシャツなど、アイロンがけが必要な物はお金がかかってもクリーニングに出す」

など、**細かい時間の節約で、必要なことへ時間を振り分けます。**

そんな「地獄の学校」で身につけた時間節約術ですが、卒業して、日常生活に戻った今でも役に立っていること、もしくは新しく発見したこともあります。

現代人はみんな忙しいと感じています。全自動洗濯機に食器洗浄機、ロボット掃除機など、テクノロジーの進化により家事をする時間は確実に減っているのに、です。

つまり、現代人にとって時間はいくらあっても足りることはないもの。

ただ、ついだらだらと過ごしてしまう無駄な時間や生活の中のすきま時間を節約すれば、自宅でゆっくりと映画を観たり、温泉旅行などに行く時間に充てることもできます。

## 一日わずか数秒の積み重ねが膨大な時間を捻出

私が実践している、時間節約術の一部を紹介します。

・お風呂では体を洗った後に泡を流さないで、続けて頭を洗い、洗い終わったあとに一気に洗い流す。
・歯ブラシは、電動を使用することで、短い時間できれいに磨く&電動歯ブラシのヘッドの持ちが1か月以上と長いので、ブラシ交換する手間を減らす。
・ヒゲが濃いので、エステで永久脱毛。もしくは、低価格で受けられる、体験脱毛を利用してヒゲを薄くしておく。
・スーパーなどのレジ待ち、トイレの順番待ちなど、わずかな待ち時間はメールやSNSの確認時間と捉えて、帰宅後にやらなければならないことを一つでも片づける。
・郵便受けに入っている、不必要なチラシ等は、リサイクルボックスなどに仕分けして、机まで持ち込まない。郵便物はただちに開封して、必要な処置をする。
・受け取れなかったゆうパックや速達などは、急を要する物以外、再配達してもらうことで、取りにいく手間やガソリン代を節約する。
・購読しないメルマガは配信を解除し、不要メールを削除する手間を省く。
・鍵や財布など、持ち物はすべて所定の場所に置く。

これらのことが習慣化できると、日々の行動も変わってきます。バイクを降りて、家の鍵を取り出し、一発で差し込める向きに持って開錠。照明をつけて、玄関でクルリとまわって靴を揃えながら部屋に入り、ポケットの中の鍵や財布を定位置に戻す。

その後、洗面所でうがい、手洗い、洗顔。リビングのパソコンのスイッチをONにしたら、ドリンクを入れに台所に。お気に入りのカップを持って、パソコンの前に戻ったらログイン。といったように、毎日行っている工程は、効率のよい流れを作り、その流れをルーティン化することで、無駄な時間が減ってくるのです。

これらの時間の節約は、単体でやっても数秒~数分かもしれません。しかし、複数の技と組み合わせて、長年続けることで大きな時間を節約することができます。

1分1秒でも無駄にしない。自衛隊生活で、時間管理の大切さと手帳を書くことのメリットを学んだことで、身につけた時間節約術です。

## COLUMN 3

# 移動時間の節約が、計画通りに事を進める体質に変えてくれる

海上自衛隊では、すべての行動において5分前に整列を完了させせることが徹底されていました。この習慣は、旧海軍から引き継がれた「**5分前の精神**」といわれる伝統です。

ただ単に5分、作業を前倒しで始めるのではなく、一歩先のことを考え、時間的、精神的余裕を持って事に臨む心構えです。

幹部候補生学校で外出する際、制服にシワやホコリ一つでもついていたら外出が許されません。不備があった学生は、再度整備し直し、次の点検で合格することができて、晴れて外出が許されるのです。

制服の手入れに時間がかかり、外出点検の整列を5分前に完了させせることができなかったら、点検を受ける資格さえなく、総員が次回の再点検を受けることになるのです。つまり、自分の外出できる貴重な時間が短くなります。

こういった経験の積み重ねで、私は待ち合わせ時間に遅れることへ極度の強迫観念を抱くようになりました。

しかし、遅れるのを防ぐために毎回30分も前に待ち合わせ場所に到着していては、

時間を有効に使っていることにはなりません。

私が移動の際、心掛けていることは、「移動にかかる時間を把握しておく」「移動時間を極力短くする」ことです。

自宅から最寄り駅までは、歩いて10分、小走りなら8分。電車の発車時刻は、使い慣れた乗り換え案内アプリで事前に調べておくことで、電車を待つ時間を減らすことができます。「隣の駅で乗り換えをするときは、8両目に乗ると移動距離が短く連絡がスムーズである」「ターミナル駅で乗り換えをする場合は、ホームの先頭まで歩いて先頭車両に乗車することで、混み合う改札口をスムーズに抜けられる」など、乗り継ぎルートまで把握して行動すると、1本早い電車に乗れることもあります。

荷物を持っていなければ、常に移動は速足。エスカレーターも片側が空いていれば歩きます。人の往来を邪魔しないことに気を配りながら、最短距離で移動できるように直線を心がけ歩きます。

それ以外にも、よく使う駅ではトイレのある場所、回数券対応の改札口の位置、連絡通路の閉まる時間、自分の口座がある銀行ATMの場所はもちろん、JR東日本のATM「VIEW ALTTE」の場所も把握することで、必要に応じて移動の途中で出金や通帳記入を済ませます。電車を降りたら、どの出口から目的地に向かったら近いかも、訪れる先のホームページなどで、あらかじめ調べておきます。

初めて訪れる場所は、スマホの予定表の中に住所を入力しておき、地図アプリを起動するだけでルート案内を受けながら目的地に向かうことで、道に迷う時間を削減することができます。

どれも時間にして数秒から数分でしかありません。実際に節約できる時間は1往復で3分ないかもしれません。しかし、常に移動時間の節約を実施すると、スムーズに移動することが当たり前となり、予定を計画通り進めることができます。

日々、移動にどれだけの時間を使っているのか。そこに潜む無駄を見つけて削ることで、毎日数分、時間の無駄を防ぐことができます。

一日3分節約することができたら、仕事の合間に机の上を片づける。

ストレッチをすることで、血行をよくして肩や背中の凝りを軽減させる。

買い物や食事に行く前に割引クーポンなどを入手する。

などなど、節約した時間を効率よく使うことで、さらに人生を好転させることができるようになります。

04

# 情報のインプットは常に倍速で行う

## 録画したビデオは2倍速モードで視聴

私が自宅でテレビを見るときは、ほとんどが経済に関する番組です。毎回見逃さないよう予約録画をしておきます。

これは日本を半年離れた南極行動中も続けました。友人にテレビ用HDD（ハード・ディスク・ドライブ）を渡して、録画してもらい、帰国後にお土産と引き換えに録画したHDDを返却してもらってから視聴していました。

録画は1週間に3時間、半年近く日本を離れていると、75時間の動画が溜まることになります。

1日7時間半番組を見てもすべてを見終わるのに10日かかります。さらに、1日5時間以上テレビを見ると、好きな番組を見ているのに、まるで、義務感で見ているかのような錯覚に陥り気が滅入ってきます。

見たい番組が溜まりすぎて、全部見るのが大変。そんな状態に陥ったときにひらめいたのが、**2倍速モードで再生する**ということです。

2倍速で見始めたときは、話していることが早口で聞き取りづらく感じましたが、初めの数時間見てしまえば、それ以降、ストレスなく、普通に見ることができるようになります。これに慣れると、普通のテレビがスローモーションに見える瞬間さえあるくらいです。

テレビを2倍速で見ることが習慣になると、すべて録画して見たほうが時間の節約になります。CMはスキップ、再生は2倍速で見ることで情報のインプット時間を半分にすることができます。

この倍速インプットはテレビ以外の動画にも使うことができます。

ブラウザにもよりますが、YouTubeを再生するときは設定の速度を1・25倍、1・5倍、2倍と動画内容に合わせて再生することができます。

また、パソコンで動画を再生する場合も、動画再生ソフトによってはスピードを0・1倍刻みで16倍まで早めることができます。

じっくりと動画鑑賞をしたいときは、通常スピードで、そうでなければ、動画にあったスピードに合わせ早めに再生する。一日1時間のテレビ番組を半分の30分でインプットすることができたら、空いた時間でもう一番組を見ることも、見た番組の内容をインターネットでリサーチすることにも使うことができます。

**倍速再生でインプットすることは、忙しい現代人がまとまった時間を節約するのにもっとも有効な手段**です。

## 移動時間は音声コンテンツ傾聴で一人セミナー

電車の移動中にやることといえば、スマホの操作、新聞や本を読む、動画を見る、眠るなどではないでしょうか。

私は、家を出るときから、携帯型デジタル音楽プレイヤーを使い、音声コンテンツを聞いています。内容は、不動産投資や成功者の考え方が学べる教材。オピニオンリーダーの配信しているコンテンツであったり、旅行やマネー情報が無料で聞けるポッドキャストです。まるで一人でセミナーを受講しているかのように知識を得られる大切な時間です。

移動しながらなので、記憶に残る量は通常に比べると落ちますが、2回目以降は1・5〜2倍速にして繰り返し聞くことで、より深く理解することができます。

また、携帯型デジタル音楽プレイヤーはスマホで音楽を聴くのと違い、データ通信を使いません。また、歩きながら読むことが難しい本と違い、常に情報を入れられるうえに、コンパクトで持ち歩きも便利など、移動時に音声コンテンツを聞くメリットはたくさんあります。

## 一日30分の通勤時間、3年続ければ360時間の学びの場

毎日、通勤する車中で音楽を聴いている人は、コンテンツを「知識を高めてくれるもの」に変えるだけで、一年後には相当の知識を蓄えることができます。

私自身もこの方法を使って投資に関する考え方を学びました。それによって不動産投資物件の調査や有利な融資の受け方などが短期間で身につき、不動産業者や銀行の融資担当者と交渉する際に、交渉事を有利に進めることに成功しました。

「音声コンテンツで役立つ情報を聞いて、必要な知識を身につけたい」といっても、いきなり有料のコンテンツに出費するのは考えもの。まずは無料で聞けるインターネットラジオで興味がある番組を聞く習慣をつけましょう。

FMやAMラジオと違い、インターネットラジオは、番組制作をしている人の多くが、作家やジャーナリスト。一般の人など幅広い番組があります。DJとしては素人ですが、とて

も親しみやすいという特徴があります。それでいて長年続いている番組は内容もしっかりしていてクオリティーも高いのです。

番組によっては制作者と直接会える機会もあり、番組出演のチャンスもあります。

私も南極での仕事を終えたあと、旅行作家の嵐よういち氏の「海外ブラックロード」に出演させていただきました。それをキッカケに「スタジオスモーキー」「プロボディーガード」など姉妹番組に出演させていただいたことは自分の大きな財産になっています。

これまで**電車移動などで目的もなくSNSを見ている時間を、音声コンテンツを聞く「学びの時間」と捉えなおすだけで、間違いなく人生は好転します。**

毎日、30分、通勤に使っていれば、一日の1／48。8時間睡眠を取ることを考慮したら、活動時間の1／32にあたります。

この時間の積み重ねを3年間継続したら360時間以上費やしたことになります。移動時間をうまく活用することで、自分の可能性が大きく広がるばかりか、新しい人とつながるチャンスさえも手に入れることができるのです。

# 05 効率よく仕事をするための工夫

## 能力の高い人を使って自分の仕事を片づける

効率よく仕事をするには、自分でするのではなく、専門家に頼ることが一番です。どんなに優秀な人でも、法律や税務、パソコン、投資など、すべてにおいて詳しくなることは相当な努力と時間が必要になります。そのうえ、法律やルールは定期的に改正され、IT技術は目覚ましい進歩を遂げています。

当たり前ですが、専門家を雇うのには、高い報酬を支払うことが必要です。

もちろん、自分がビジネスを手掛けているのであれば、すでに必要の度合いに応じて税理士や社労士、弁護士の力を借りている人も多いと思います。

では、あまりお金をかけることなく、効率よく人の知識を借りるにはどうしたらいいのでしょうか。それは、**その分野の詳しい人に質問できる関係を作っておく**ことです。

たとえば、現代人の必須アイテムであるパソコンが調子悪くなった場合、自分であれこれ調べて改善に取り組むことも大切ですが、その分野に詳しい人にとっては朝飯前の作業であり、トラブルシュートするのに5分もかからないことも多々あります。

書類作成ソフト、ワードやエクセルで、たまにしか使わない機能もインターネットで検索して調べるより、詳しい人に聞けば、一瞬で解決します。それどころかさらに便利なやり方まで教えてくれます。

私が幹部に任官して初めて与えられた業務は、パソコンやネットワークの管理をすることでした。今まで映像関係の仕事をメインでしてきたため、画像や動画の編集ソフトを使うことはできても、ネットワークに関する知識はありませんでした。

そんなピンチを救ってくれたのは、隣の部署のエースパイロットであるK3佐でした。

K3佐は、年齢は私と同じですが、卒業するのが難しいパイロット課程を出ているので、階級は3つ上。物静かで職人気質な方で飛行機の操縦以外にも、ネットワークに大変に詳しい方でした。

「新入りにネットワークについて教えてやってくれ」と、私の上司が頼んだだけで、部署も違う、階級も下の私に自分の時間を割いて出荷状態のパソコンを、海上自衛隊のネットワークに接続して使えるようにする作業を2日間、指導してくれました。

頼りになるK3佐ですが、フライトや会議で不在のこともあります。目の前で出力できないネットワークプリンターがあるのに、K3佐の会議が終わるのを待つわけにもいきません。そんなときに頼りになったのが、インド洋に一緒に派遣されたN1曹でした。部隊は違ってもネットワークの専門チームのリーダーをしていたのです。それ以降、困ったことがあると、課業時間（自衛隊の勤務時間）外でもこのチームの力を借りてネットワークの不具合を是正し、自分の知識を増やしていきました。

## 初対面の人と距離を縮める1本の缶コーヒー

では、彼らとどのように関係を築いたのか。

簡単です。作業をしてもらったとき、感謝の気持ちを伝えると共に、ドリンクやちょっとしたお菓子を手渡すだけ。こうすることで、次回も頼むことができるようになるのです。

パソコンのトラブルシューティングをするのに1時間かかるところを、5分で解決したら、55分が節約できたことになります。自分の時給で換算したら節約してくれた人の功績は、缶コーヒーでは済まない価値をもたらしているはずです。

物をプレゼントするという行為は感謝の気持ちを伝えるばかりではありません。日頃から、お菓子を上司や同僚に配っておくことで、職場の雰囲気も和み、多少であれば仕事のミスもそれほどとがめられません。管理職としてまだ十分な能力を備えていなかった私は、引き出しの中に常備した缶コーヒーやスナックに随分と助けられました。

お金持ちには、「人から感謝された人」「ありがとうを多く集めた人」が結果的になると聞いたことがあります。

はじめて一緒に仕事をする人に、ちょっとしたプレゼントをして、良好な関係から始められたら、どれだけ自分の気持ちがいい状態で仕事に取り組めることになるのか。

職場の人以外にも、急いで荷物を届けてくれた宅配便の配達人、インターネット回線を引きに来てくれた技術者、引っ越し屋さんなど、関わる人に、ドリンク1本、お菓子一袋を渡すだけで、彼らが気持ちよく仕事をしてくれて、こちらもまわりまわって笑顔になれるのです。

**日頃から人にお世話になることを見越して、ちょっとしたお礼の品をいつでも出せる用意をしておくことが、仕事を効率よく進めることにつながるのです。**またそれによって生活しやすい環境までをも作る手助けをしてくれることになります。

# 06 仕事のスキルを上げて、副業のための勉強時間を確保する

## まずは本業の業務効率を上げる

「将来、独立するために必要な知識を学ぶための時間を持ちたい」。そう思いつつも、実際には日々の仕事に追われて、平日はもとより、休日も疲れ果てて何もできない人が多いのではないでしょうか。

30代の頃から早期退職を考えていた私は、より早くお金の知識を得る必要がありました。そのため本業の業務はフルスピードで終わらせ、勤務を終えた後は、自宅に戻って、本や雑誌、インターネット、音声コンテンツなどを活用して投資や節約について学んでいました。

また、休日はセミナーなどに出かけて、投資の知識や人脈を増やしていきました。

自分の勉強時間を確保するためには、日々の仕事を早く終わらせて、プライベートな時間を確保する必要があります。そのためにも、まず今やっている仕事のスピードを上げること

が大切です。

**仕事ができるようになると、今まで3時間かかってやっていたことが1時間で終わるようになります。これまで2時間残業していた人なら、定時に帰れるようになります。それによって帰宅時間が早まり、自分の勉強の時間が確保できるのです。**

また、定時で帰る人であれば、仕事での疲れが減り退社後は自分の勉強に打ち込む余裕が生まれます。しかし、効率よく仕事に取り組めるようになったことで、かえって次から次へと上司に仕事を頼まれることもあります。そんなときは行き過ぎたオーダーに「NO」ということが必要です。仕事を断っても角が立たないよう、無遅刻、無欠勤。上司や同僚を敵にまわすことなく、よい社員を演じて、プライベートの時間に、しっかりと、必要な知識を得て牙を研ぎ続けることです。

私は、海上自衛隊の中でもっとも希少性の高い職種である写真員として勤務していたため、部隊の記録を残すために何度も海外に派遣されました。この功績により多くの表彰を受け、勤務成績が上がり、予想していた以上に給料を上げることができました。

やるべき仕事をしていれば、自分の休みたいときに休暇を申請しやすくなります。そうなれば、資格を取るための受験や、投資に関するセミナーに参加するなど、個人のスキルをさらに上げることも可能になるのです。大切なのは、自分が副業や投資で収入があることを職場でいわないことです。人間は臨時収入があった場合、日頃お世話になっている人に奢りたくなるばかりか、臨時収入の源泉を説明したくなる生き物です。

奢ってもらった人にしたら嬉しいことですが、奢ってもらえなかった人にとっては面白いことではないので、臨時収入があることに、妬みを持つこともあるはずです。

付き合いは悪くても、なんとなく羽振りがよく、時々ご馳走してくれる奴、的な立ち位置でちょうどいいのです。

頭の中が「投資脳」になっていけばいくほど、話が合うのは、投資家や経営者の人達になっていきます。ときには、**職場の人との会話が非効率で生産性が低く、時間がもったいないとさえ思えてくるものです。もしこのように思えてきたら、自分の思考が「投資脳」になっているということであり、成功している、もしくは成功が近い状態と考えてもいいでしょう。**

## 副業を始めるときは税金の知識を身につける

もう一つ、気をつけなければならないことがあります。それは確定申告です。

住民税は前年にあった収入から控除額を引いた金額の10％が徴収される仕組みなので、経理担当者が、細かく関係書類を確認していったら副収入を得ていることは、簡単に見破られます。あなたが投資により収入を得たということは、世の中に経済活動を起こして、人から感謝された結果なのですから、なんら後ろめたいことではありません。

しかし、あらぬ疑いを持たれるのであれば、**副業や投資での収入の確定申告をする際は、住民税に関する事項の欄に「自分で納付」のチェックを入れるだけで、会社から天引きされることはなくなります。**「自分で納付」にチェックを入れなかった場合は、「自動的に給与から差し引き」を選択したことになりますので注意が必要です。

また、収入があるのに確定申告をしないことも問題です。

長年、申告をしていなかったがゆえに、税務調査が入り、多額の追徴金を請求され、給与収入を差し押さえられでもしたらペナルティを払うことになるうえに、会社に知れ渡ることになります。はじめは面倒だと思うかもしれませんが、自分が支払っている税金の仕組みを知るいい機会になります。また、お得な節税情報等は経営者と話をしたときの共通言語にもなり、付き合う人のレベルを引き上げてくれることにもなるので、進んで取り組む価値のあることといえるでしょう。

# COLUMN 4

## 自分年表を作ろう

自衛隊に入隊すると、隊員1人1冊、勤務記録表（通称：黒表紙）というものが作成されます。

この黒表紙は人事管理をする担当幹部が、本人の本籍地や家族構成、保有資格、昇任日や転勤日、賞罰（表彰や懲戒処分）の実績など、細かな経歴管理をするためのものです。

当然、転勤する際は赴任書類の中に納められ、次の人事担当幹部の手により追記されることになります。

この記載は部隊の人事担当者の他に、部隊を管理する総監部でも専門の担当者が何千人ものデータを一手に管理し、1年に1度、部隊の記録しているものと整合が取れているか確認するほどシビアに実施されています。

黒表紙は、昇任やボーナスの査定など勤務評価を公平に行うための元となる重要資料なので、ここまでキッチリと管理されているのでしょう。

私が自衛隊を退職して1か月後、この黒表紙が自宅に郵送されてきました。

眺めると、飛行機事故が起きた翌日に、山口県にある基地に派遣されたことや、南北アメリカを航海した遠洋練習航海、環太平洋合同訓練、テロ対策特別措置法に基づくインド洋派遣と大きなミッションは、突発的に命令された臨時勤務だったことが記録されていました。

20代前半まで勤務に対して強い意志を持って取り組んではいなかったものの、「その後、よく持ち直したな」など、色々な記憶が頭の中を駆け巡りました。

自衛隊を退職したときは46歳。人生の折り返し地点を迎えているこの時期に、今一度、28年間の勤務記録を元に自分の時間を振り返ってみようと考えました。

さらに、今まで記録してきた手帳を使ったら、旅行した国や当時の人間関係、興味を持っていたこと、その年にどんな投資を実施していたかについてもまとめることができます。

まとめたお陰で、数々のエピソードを思い出し、その中の抜粋したものが今回の本の元になったのです。

過去を振り返ることで未来が見えてくる。目的地がしっかりと決まっていても、現在地がわかっていなかったら、効率よく進むことは難しいのです。

最近、終活の一環として自分史を作ることが、注目されていると聞きました。

自分の家族や、お世話になった人に感謝の気持ちを伝えるとともに、自分の培ってきたノウハウを近しい人に伝える。

また、自分の生きた証を国会図書館に献本して後世に残すなど目的は様々ですが、いずれにしろ、自己を客観的に振り返ることは自己認識を明確にすることになると思います。

こんなに実施したほうがいいことを終活まで待つことは、大変な機会損失になります。せっかくなら、人生の節目に、自分の現在位置の確認をしてみてはいかがでしょうか。


---

インターネットで検索をすれば、マイクロソフトのホームページから自分史(年表)というひな形を無料でダウンロードすることができます。

「日々の行動を年表に記録する」

人生のコンパスの制度をさらに上げてくれるツールになるはずです。

# 第4章

## 貯めた資金で攻めに転じる

# 投資術

01

# 40代の挫折を救ってくれた「出船の精神」

## 幹部となり着任早々の懲戒処分で退職を決意

旧海軍の躾の中に**「出船の精神」**という言葉があります。

艦船が港に入港した際、船首を港口に向けて停泊させることで、緊急事態に備えてすぐに出航できるようにしていたことから**「常に迅速に行動できるよう、いかなるときも準備を怠らないことが大切」**という心構えをさします。

この「出船の精神」が役立ったのが、奇しくも自衛隊を退職する決意のきっかけとなったある出来事でした。

高卒で入隊した私も勤務26年目を迎え、ついに43歳で3等海尉に昇任しました。一般的に幹部ともなれば、「多くの部下がいて仕事が楽になる」と考えるかもしれませんが、私にとっては悪夢の始まりでした。

ことの発端は、幹部となり初めて着任した部隊で起きました。着任早々、国の予算が適正な会計経理が行われているかを監督する会計実地検査が行われました。数万円のものですら厳しく審査される会計実地検査において指摘されたのは、私の部署に納品されたばかりの、1000万円を超える特殊な装置についてだったのです。

その装置は、前任者からの引き継ぎで「部隊の運営上必要な機材で、老朽化のため新しく購入しなければいけない。しかし、特殊な装置がゆえに業者の納期が間に合わないかもしれないという、いわくつきのものでした。

検査が行われる1か月前から、私は他の配置に派出を命じられていて、慣れない仕事に追われていました。そんななか行われた会計実地検査により、完成品でないものを受領したことが問題となり、私を含む関係者5人が後日、懲戒処分を受けることになりました。

事実関係を明らかにするため資料作成に追われ、ただでさえ多い仕事の量は増えるばかり。上司の理不尽な要求にふりまわされたうえ、ボーナスは減額、勤務評価も下げられる始末。

いったいこの先、何度このようなことが繰り返されるのだろうかと思うと、夜は寝つけず、朝も起きられないことが続き、ついに医者からはうつ病の診断が下されました。

このとき、はっきりと退職することを意識しました。

20代、30代の頃も何度か退職を考えたことはありました。しかし、自分が辞めると同僚に負担がかかる、長年の夢である南極行動への参加の夢がついえる。そもそも自衛隊を辞めて生活できるだけの資産がない、などの理由から、辞めることを決断できませんでした。しかし、定年まで自分を押し殺して勤務しても艦長になれるわけでもなく、よくて十数人の部下を束ねる科長止まり。

先が見えているのに次から次にくる無理な要求に応え続ける意味があるのか。54歳で定年退職した後、仕事を見つけても収入は大幅に減り、仕事にやりがいを感じられるとは思えない。そう考えたときに、今が辞めどきだと思いました。

## 退職を後押ししてくれた億を超える資産と長年の節約術

幸いなことに、30代から始めた投資により、このとき、資産は億を超えていました。また、給与収入がなくなっても不動産による家賃収入で、生活するのには困らないだけの所得も確保できています。

万が一、なんらかの原因で収入が途絶えたとしても、長年続けてきた倹約生活により月12万円あれば生活できる自信もありました。そこまで考えたとき、やっと「仕事を辞めて、これからは自分の好きなことをして生きていく」と決断することができました。

**「出船の精神」を意識して「倹約、貯金、投資」の準備を長年続けてきたからこそ、退職を決意することができたのです。**一時はうつ病になるほど追いつめられた40代の挫折が、人生のよい転換期となり自由な時間を自分にもたらしてくれたのです。

02

# 不動産投資、始まりは月20万円の家賃収入

## 専門知識は自ら学ぶよりも専門家を雇って時間とお金を節約

私が初めて不労所得を得られるようになったのは、自宅用の新築マンションを購入した32歳のときでした。当時は不動産投資に関する情報が出回っていなかったため、すでに投資を始めていた知人の知識を元に、物件購入に至りました。初めてのマンション購入、初めての不動産投資、数千万円の高額な買い物。契約書に印を押すのに、血の気が引いた覚えがあります。

物件選定に当たっては、駅から近い、広さ80㎡前後のファミリータイプを選びました。近くに在日アメリカ軍基地があったことから、自分の転勤後は、高い家賃で貸すことができる米軍関係者に貸し出そうと思ったからです。

物件購入後1年半は自分で使い、自宅の一室を後輩に貸すことで月5万円の家賃収入を受

け取ることができました。後輩が引っ越してからは、広い部屋を持て余すことが無駄だと感じて、半年後に自分も引っ越して、予定通り米軍人向けに賃貸を始めました。それにより月20万円を超える家賃収入を得ることができました。この不動産収入は、私が任務で南極に赴いているときでも、片時も休まず毎月、私のポケットに副収入をもたらしてくれるものでした。ちなみにこの米軍人向け賃貸は今でも通用する狙い目の投資法の一つです。

不動産投資というと宅建（宅地建物取引士）資格を持つなど、専門知識が豊富な人が行うイメージがあるかもしれません。

しかし、実際は建物の構造や取引に関する法令上の制限、不動産に関連する税金についてなど幅広い知識は必要ありません。

**大切なのは、自分の属性（年収や勤務年数など）を踏まえて、どこのエリアの物件であれば、どの金融機関が上限いくらで何%くらいの金利で融資をしてくれるのかを把握したうえで買える物件を探すこと**です。

また、目星をつけた物件を購入したあと、どのようにして空室を埋めるのか。空いているスペースを有効活用することで収益を高める方法などを知っていることのほうが10倍以上も価値があることなのです。たしかに建築に関する知識があったほうが、物件の良し悪しについて正確に判断することができます。しかし、資格取得にかける時間とお金があったら、建物構造に詳しい友人に物件調査に同行してもらう、または専門家を雇うことでそれらの問題は簡単に解決できます。

## 面倒な物件管理は家賃の5%を払って管理会社に委託

物件を貸すには、入居者の選択、契約、施設の説明などが必要になります。しかし、これも管理会社に家賃の約5%を支払うことで、入居者への対応はもちろん建物の管理など、煩わしい業務から一切解放されるのです。手のかからない不動産を所有するオーナーの主な仕事は、家賃から諸経費を引いた金額が口座に毎月振り込まれているかを確認することです。それ以外は、賃貸物件の修繕など特別な支出をともなう必要があるときのみ対処方法について指示を出すだけ。基本的にメールをやり取りできる環境があればできます。

ここまで手がかからないのは、

- 入居者の選定や修繕について、自分のポリシーをしっかりと管理会社へ伝えている
- 年に2~3回、お店に出向きスタッフの労をねぎらうことを続けた結果、信頼関係を築く

ことができた

・所有している物件の立地がよく、選ばれやすい。もしくは、苦戦する立地であってもそれを補う価格設定にするなど、空室が出づらい環境を作っている

からです。

「不動産投資による不労所得を得たい」と思ったら、まずやるべきことは、不動産投資に関する本を最低でも10冊以上読み、基本的な知識をつけてから、不動産投資セミナー等に参加することです。なぜなら、不動産セミナーにはすでに実績を出している投資家がいる可能性が高いからです。もし彼らと良好な関係を築くことができれば、有益な情報や的確な助言を聞くことができます。また、必要な業者等を紹介してもらうことで、大きなリスクを事前に回避しながら投資を始めることができるからです。

何よりも大切なことは、いつまでにどんな物件を持ちたいのか、月にいくらくらいの収益を目指すのかを具体的にすることです。そのために今やるべきことを明確にして、一つひとつ実行していくことです。それによって1年後、5年後、10年後と、不動産投資による収入を増やしていくことができます。

03

# 不動産投資を決意したら実施しておきたい3つのこと

## サラリーマンでもできる不動産投資

私が投資用不動産を購入しようと決意したとき、まずはじめに行ったことは、最寄りの税務署に開業届（個人事業の開業届出書）と青色申告承認申請書を提出することでした。

この2つの書類を出して、青色申告と呼ばれる確定申告をするだけで、毎年65万円、もしくは10万円の控除を受けることができるからです。通常、会社勤務をしていれば、所属する企業が年末調整を行うため、個人で確定申告をする必要はありません。自衛官であった私も、同じく確定申告の必要はなかったものの、**不動産投資を始めるにあたり、確定申告をするようになりました。この小さな経験が「税務に関することは難しい」、そんなイメージのハードルを下げてくれるきっかけにもなりました。**

控除を受けるためには、帳簿を作成することが条件となっていますが、投資をしている以上は収支を明らかにすることは当たり前です。この当たり前のことを実施することに加え、使った領収書を一定期間保管するだけで、節税することができるのですから、面倒でも実行しない手はありません。

次に実施しておきたいことは、会社員として仕事を続け給料を上げていくことです。**銀行から融資を受けるのには、毎月一定の収入を得ていることはもちろん、どれくらい継続的に収入を得ているかの実績も、自分の信用を高める大切な要因になります。**

もし、あなたがお金を貸す立場であったら、10年間、転職することなく一流企業に勤めているサラリーマンと、中小企業を2年ごとに渡り歩いている人。収入が同じ600万円だったとして、どちらにお金を貸したいと思いますか。銀行員は安定している人に融資をしたいと常に考えています。だからこそ、安定した企業に勤め、今後も毎月一定額の安定した収入が得られる可能性が高いと銀行に判断されることが大切なのです。外資系企業にお勤めで転職する機会が多い方は、確実に年収を上げるキャリアアップを心掛けることが有利な融資につながる秘訣です。

3つ目にやるべきことは、300万円以上の貯金をするということです。はじめて不動産投資をやる場合、中古の区分マンションに投資するのがいいでしょう。区分マンションだったら大体300万円あれば1000万円ほどの物件を購入できます。300万円の内訳としては、頭金2割で200万円、購入に関する手数料70万円、万が一の修繕費として30万円。

ちなみに、**頭金を2割入れると、金融機関によっては金利が下がることもありますので、ローンを組む前にしっかりと調べておきたいところ**です。「区分マンションじゃあ、それほど儲からない」と思うかもしれませんが、まずはリスクを抑えて、手堅くいくことが大切です。購入した物件がいいものであれば、どんどん買い増すこともできますが、万が一、収支がマイナスになるような物件であったら、買い増すどころか、2件目の物件を購入することが難しくなります。

リスクを抑えて経験値を積むためにも、物件購入は中古区分マンションから始めると取り返しのつかないミスをすることなく投資をスタートすることができます。

不動産投資を始めようと思ったら、**税務署に開業届、青色申告承認申請書を提出。会社員として仕事を続け給与を上げ**ながら、区分マンション購入のために**300万円以上のお金を貯める。**不動産投資を有利に進めるためにも、まずはこの3つのことに取り組んでおきたいものです。

## 手堅く始める不動産投資の３ステップ

**ステップ❶** 税務署に開業届を出す

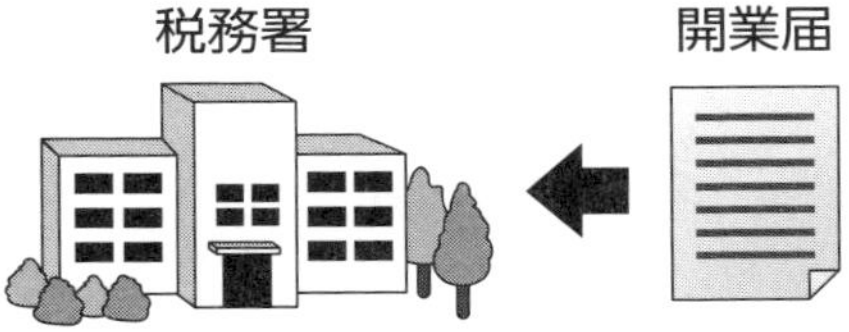


**ステップ❷** 会社員として仕事を続けつつ給与収入をUP

**ステップ❸** 区分所有マンションの頭金を貯める

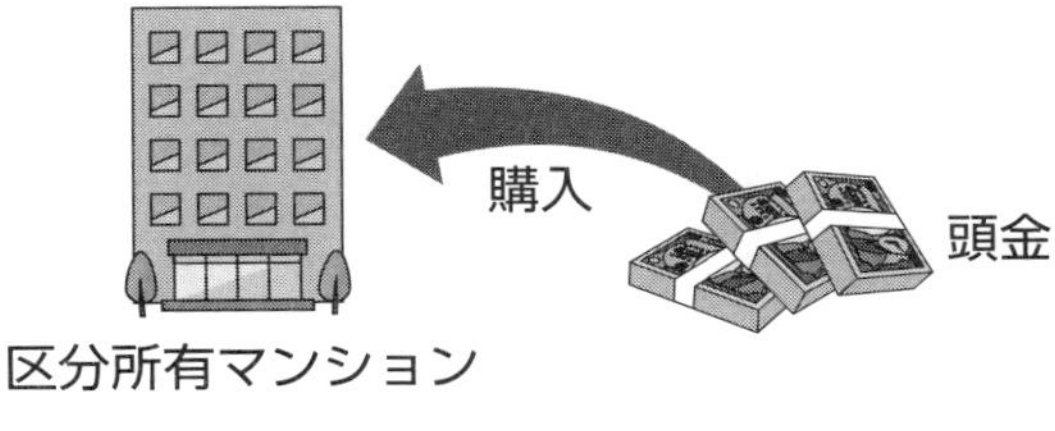

# 04 不動産投資に必要な資金調達「いい借金」と「悪い借金」

## 不動産投資で利益をもたらす「いい借金」

「借金」というとどんなイメージを持ちますか？　「借金は怖い」「絶対にしてはいけないもの」と思っていませんか？　実は、一言に「借金」といっても「いい借金」と「悪い借金」があります。**「いい借金」とは、借りた以上に収入をもたらしてくれるもの。対して「悪い借金」とは、自分のポケットからお金を奪っていくもの。**

私も子どもの頃から親に「人にお金を借りてはいけない。借金をするような人間はだらしがない」と教えられてきたため、「借金＝悪」だと考えていました。しかし、不動産を人に貸して家賃を得る経験をしてからは、この考えがガラリと変わりました。

たとえば1000万円の投資物件を買う場合、借金を怖いと思っているAさんと、金銭感覚に鋭いBさんを例に比較してみます。

Aさん／1年に100万円のペースで10年間かけて1000万円を貯めてから投資用不動産を購入。表面利回り7％の物件で年70万円の家賃収入。そこから管理費と修繕積立金年18万円、固定資産税、その他の経費7万円を引いた**年間利益は45万円**。

Bさん／100万円の貯金が貯まった時点で、Aさんと同じ物件を銀行の融資を使い購入。年70万円の家賃収入。そこから管理費と修繕積立金年18万円、固定資産税＆その他の経費7万円、銀行金利2％＝年18万円弱となり、**年間利益は27万円**になります。

2人の収支の違いは、銀行から融資を受けたBさんは支出の中に銀行金利が含まれている点だけです。一見、Aさんの年45万円の利益に比べるとBさんの27万円は少なく見えるかもしれません。しかし、投資した金額から考えると**Aさんは年4・5％、Bさんは年27％とBさんのほうが6倍もお金に働いてもらっていることになります。**

しかも、Bさんは1年で頭金を作り不動産投資を始め、2年目には投資した金額の27％の利益を受け取りながら、実際に不動産投資に取り組んでいます。そのため管理会社との調整はもちろん、帳簿作成、確定申告をすることで税金と向き合うなど、大家として一通りの経験を積んでいき、不動産管理についてもスキルを上げることができるのです。

## 銀行融資を受ける、受けないで11年間で765万円もの差

賃貸物件の収支実績がよければ、2年後には銀行がさらに融資をしてくれることになり、Bさんは2年ごとに物件を買い増すことができます。

Aさんが10年間コツコツと貯金をしてはじめて不動産投資で年45万円を稼いだときには、Bさんは11年間で810万円以上の利益を得ています。その時点でAさんとBさんとの間には765万円もの差ができているのです。

つまり、**Aさんが1年間で100万円をコツコツ貯金している間に、Bさんは、銀行から融資を受けることで所有物件を5件まで増やし、毎年135万円以上の利益をもたらしてくれる仕組みを作り上げたことになります。**

また物件を5件まで増やしたことで、税務上、事業規模としての扱いとなり、一定の条件をクリアすることで、年65万円の控除を受けることも可能になります。それによって銀行からの評価も高くなり、さらなる事業の拡大がしやすい環境になっているのです（※説明を簡略にするために建物の減価償却や所得税、空室などは除いて計算しています）。

## 自己資金投資VS銀行から融資を受ける

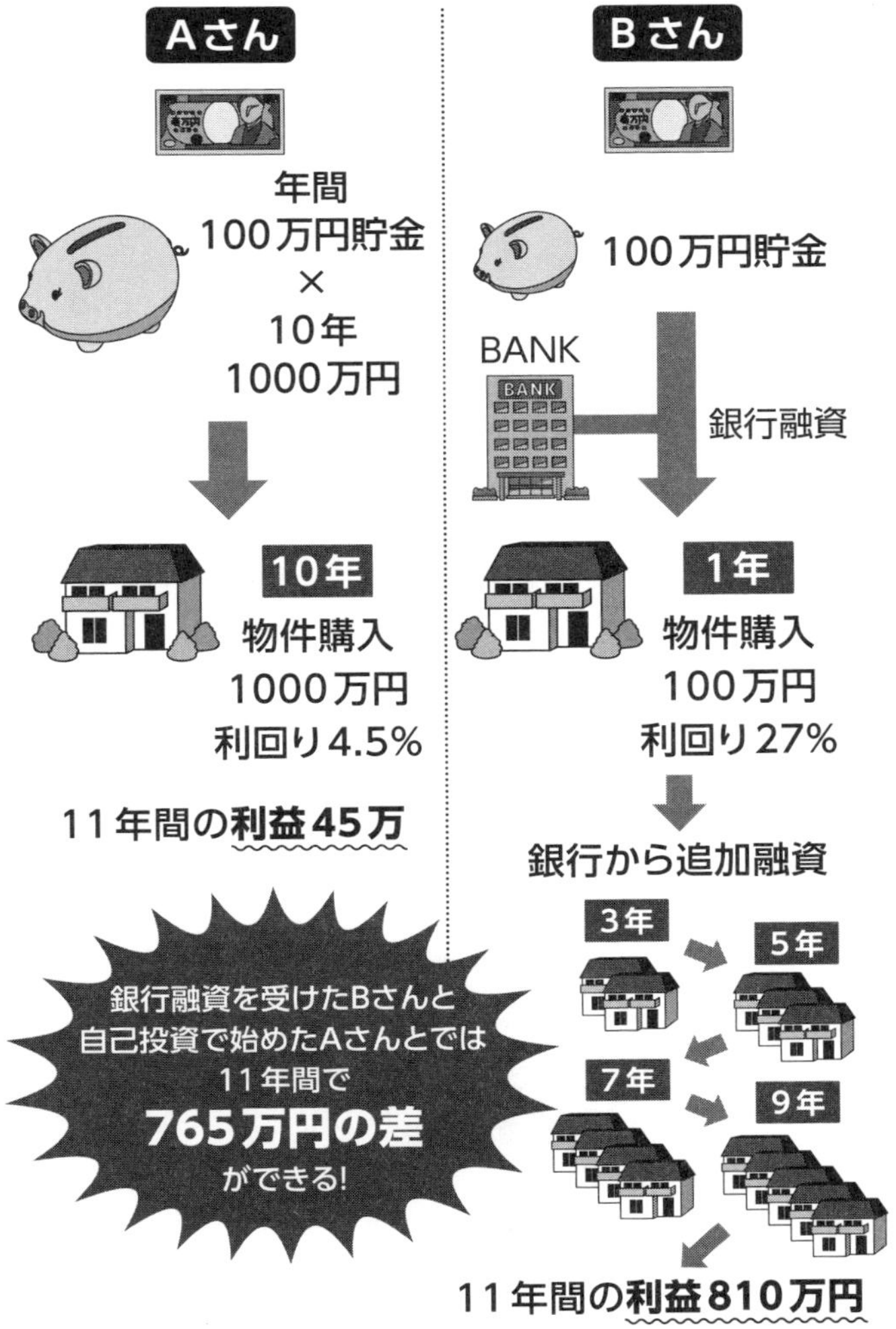

個人の属性がよければ、区分マンションではなく、1棟アパートを購入することで、年間1000万円を超える家賃を得ることも難しいことではありません。

私も不動産投資を始めたときはAさんと同じ考え方でしたが、1年、2年と利益を手にすることで、Bさんと同じ考え方に変わることができました。

そのおかげでリタイアするまでの約15年間で4室の区分マンション、2棟のアパート、海外のコンドミニアムを所有するに至りました。

「借金」というとネガティブなイメージを持つ人も多いと思いますが、「いい借金」を活用すれば、時間を大幅に短縮し、借りた額以上の収入をもたらしてくれます。**自分の収入を上げる方法の一つに、「いい借金」を使うことを意識しておくと、目標達成までの時間を大幅に短縮することになる**のです。

05

# 不動産投資を有利に進める人脈＋交渉術

## 分散する地方物件を一括借り換えで金利3％ダウン

仕事柄、災害について考える機会があった私は、所有する物件エリアを分散させることを心掛けてきました。なぜなら、物件を増やす際、天災が起きたとしても、複数の物件が同時に被災することを避けるためです。

反面、物件を分散することは、同一の管理会社や設備工事業者に任せることができないため、スケールメリット（規模のメリット）を活かした経費の削減ができません。

また、物件の所在地が自宅から遠くなるため地元の地銀や信金などの金融機関から融資を受けることも難しいので、物件を買い増すたびに、新しい金融機関を開拓する必要が出てきます。

もし、同じ銀行で融資を受けることができれば、今までの取引実績、不動産の収益が良好な状態でまわっていることを示す確定申告の控えなどを提出することで、融資までの審査スピードを大幅に短縮することができます。

これによって物件購入までの時間を大幅に短縮することができ、他の買い手より有利な立場に立てることでいい物件が購入しやすくなります。

では、エリアを分散させたうえで、融資を有利に運ぶにはどうしたらいいのでしょう。

私は当初、融資を、都銀、地銀、第2地銀A、第2地銀Bと物件ごとに別々の金融機関から受けていました。しかし、年4・5%と金利の高いA銀行の融資を見直して収益を改善させるために一念発起。**すべてのアパートローンを一括で「借り換え」することを条件に、金利を優遇してもらう**金融機関を探しました。

まずは、広いエリアをカバーしている都銀の担当者を紹介してくれる人材を探し出し、優秀な銀行マンにコンタクトを取りました。その後、完璧な資料を作成するために2週間を費やし、別の銀行に同じものを提出して不備がないことが確認できた後に、本命銀行に提出。やり直しのきかないこの作業は、慎重に進めることが大切です。

約1か月間、本店審査部の審査を受けて、すべての物件を5年固定、1%強の金利（団体信用生命保険込）で借り換えることに成功しました。

1億円を金利4・5％で借りた場合、支払う金利は年450万円。1％に借り換えできれば、年100万円。1億円あたり年350万円の収支改善をすることができました。

## 銀行が金利を下げる2条件

一般的に、銀行が取引のない人に融資をするときの審査は厳しいものですが、他行が融資した後の物件の借り換えに対する融資審査は緩くなる傾向があります。

もちろん、すべての物件が借り換えできるわけではありませんが、銀行の融資エリア、物件の築年数、収支状況などの条件が合致すれば可能です。

借り換えには、ローン関連手数料のほか、印紙代、抵当権の抹消登記が必要になるため司法書士への報酬など数万円を支払う必要があります。

「抵当権の抹消登記費用まで払いたくない」という方へおすすめなのが「金利交渉」です。これは、現在アパートローンを借り入れしている銀行に対して、金利を下げてもらう条件交渉を申し入れる方法です。

ただ、銀行担当者に「金利が高いので下げてください」といっても、相手にしてもらえません。

担当者を動かすには、

- 投資物件が高い稼働状況を維持している
- 他の銀行で有利な借り入れ条件が出ている

この2つの条件が整っていれば交渉は上手くいきます。

空室を埋めて収益を上げる。借り入れしている金利を引き下げることで、劇的に収益の改善がはかれ、資産が増えていく。

この方法は、住宅ローンにも応用することができる技になります。市場はマイナス金利が続き、銀行は担保として不動産を押さえることができるアパートローンに積極的に融資をしたいので、本気で交渉に臨めば、いい結果を手に入れることができるはずです。

## 06 不動産投資に潜むリスクは事前調査と保険で回避できる

### 不動産投資の9つのリスクとその対処法

ここまで、不動産投資についていいことばかり述べてきました。

しかし、なかには悪徳不動産業者の「節税になる」「将来の年金になる」などという口車に乗せられ、毎年、利益ではなく、損害を被る物件を購入するケースがあることも事実です。同じ基地で働く隊員でこの手の話に乗ってしまったため1500万円の借金を背負った人がいると聞いたこともあります。

物件価格が相場の30%高く設定されているにもかかわらず、不動産業者からは「10年間空室が出ることなく、家賃が下落しない」といわれ、さらに、エアコンやガス給湯器等の設備の修繕も予想されていない。たとえ、不動産投資の経験がなくても、日頃から数ポイントを拾うために細かいことまで考える癖が身についていれば、そんな杜撰《ずさん》なシミュレーションの矛盾に自然と気づくものです。

代表的な不動産投資の9つのリスクは次のとおりです。

**購入リスク**……購入した物件に欠陥があるかもしれない可能性
**空き家リスク**……空室期間が長ければ赤字になる危険性
**家賃滞納リスク**……家賃を滞納され、回収できない
**事故物件リスク**……自殺や殺人などの事故が起きたことによる風評被害
**火災リスク**……賃借人が火事を起こしてしまった場合の対処
**天災リスク**……地震や津波、土砂崩れなどのリスク
**補修リスク**……建物及び施設が壊れたときの修理費用
**借入リスク**……銀行から多額の融資を受けることの怖さ
**金利上昇リスク**……当初想定していたよりも高い金利を払うリスク

これらのリスクを避ける方法は次のとおりです。

**購入リスク**……市場価格より高い物件は購入しない、物件に瑕疵担保《かしたんぽ》責任をつけてもらう
**空き家リスク**……空室を埋めるのが大変な物件を購入しない、家賃価格を適正に設定する
**家賃滞納リスク**……賃貸契約に連帯保証人をつける、家賃保証会社の契約を条件に入れる
**事故物件リスク**……連帯保証人をつける、孤独死保険などでカバーする
**火災リスク**……賃貸契約に入居者保険の加入を条件づけする
**天災リスク**……火災保険、地震保険の加入、水災などの特約をつける
**補修リスク**……修繕費用を積み立てておく
**借入リスク**……空室が続いても困らない、余裕を持った資金計画で事業に取り組む
**金利上昇リスク**……固定金利のローンを組み合わせて融資を受ける

たとえば、近くの工場や大学が移転した場合、付近の賃貸物件に何千室もの空室が出ることになります。

しかし、大掛かりな移転になればなるほど、計画は何年も前から立てられているため、購入前に付近の不動産業者をまわって話を聞くだけで、こういった情報は簡単につかめるものです。

つまり、**不動産にかかわるリスクはしっかりと事前調査をすること、必要な保険に加入することの2つで、回避することができる**のです。

値動きの激しい株に比べて、不動産はリスクもリターンも安定しています。

各地域の人口の増減や賃貸需要についても変化がゆるやかなので、リスクを早めに予想して対処することも可能です。

経験を積むことでリスクを下げ、銀行融資を上手に使うことでレバレッジをかけリターンを大きくすることもできます。

私が定年を待たずして億の資産を築き、早期退職できたのも、この不動産投資による収益を得たことが大きいです。不動産投資なくして私の早期退職は成立しなかったといっても過言ではありません。

# 07 海外の口座開設は海外投資への足がかり

## 海外口座開設でカントリーリスクに備える

日本の公用パスポートの表紙は緑色です。自衛官も、仕事で民間の航空機を利用して移動する際はこの色のパスポートを使用します。

民間飛行機で移動する場合は、国際的な会議の参加や訪問予定国の軍隊視察、大使館担当者との事前調整など、代表者はタイトなスケジュールでまわり、不慣れな英語を使うこともあり、大きなプレッシャーとなると聞いたことがあります。

一方、護衛艦や自衛隊の航空機で訪れた場合は、長期航海の合間の補給、休養期間として停泊する意味もあるので、長いときは1週間程度外国の港に停泊することもあります。

基地のゲートや軍専用の商業施設を出入りするための書類は、パスポートではなく、各艦長が発行したＩＤカードになります。このＩＤカードは基地の外ではカジノの年齢確認や、ホテルのチェックインに使用することができますが、国境を越えて隣の国に行くことや、銀行で口座を開設することはできない代物でした。

もし、仕事やプライベートで香港やシンガポール、マレーシアに行く機会があったら世界最大級の銀行ＨＳＢＣ（香港上海銀行）に口座を作っておくと便利です。

ＨＳＢＣは１８６５年に設立された伝統ある銀行で、ロンドンに本部を置く世界最大級のメガバンクです。10以上の主要国通貨（米ドル、オーストラリアドル、カナダドル、ユーロ、シンガポールドル、スイスフラン、ニュージーランドドル、イギリスポンド、香港ドル、人民元、タイバーツ、日本円）を一つの口座内で保管・管理することができるマルチカレンシー口座を利用することができます。

外貨をそのまま現金で預け入れ、引き出すことができるほか、各通貨への両替ができます。つまり、日本に米ドルを持ち込み、日本の銀行に預金する場合、日本円に両替をしてから預金。出金するときは逆の手続きが必要となるので、安くない手数料を往復で払うことになり資産を目減りさせることになります。

それに比べ、ＨＳＢＣでは、預金する通貨が取り扱い通貨であれば、そのまま入出金することができるため、複数の通貨で資産を持つ人にとって、大変便利な口座になるのです。

もちろん、**預け入れたお金は世界中にあるATMから引き出すことが可能**です。日本であれば、都銀、ゆうちょ銀行、セブン銀行のATMから現地通貨（日本円）で出金することができます。

また、HSBCでは、インターネットバンキングを利用して海外送金をすることも可能です。しかも、手数料は日本の銀行の半分以下。頻繁に送金を行う必要がある人にとっては、この部分でもお得な口座になります。香港のHSBCの場合100万香港ドル（約1400万円）以上の金融資産を預け入れていると、プレミア口座（最上クラス）専用の窓口で担当者が対応してくれるほか、専用ラウンジでドリンクのサービスや無料Wi-Fiを使うこともできます。

便利な口座ですが、2～3年前から口座を開設することが難しくなってきています。

しかし、英語か中国語が堪能な方は、開設を試みる価値は十分にあります。多少でも、海外に資産がある方は、急激なインフレや通貨価値の急落、地震や洪水などの自然災害による日本のカントリーリスクから資産を遠ざけることができます。さらに、海外に対するアンテナが現在の何倍も高くなり、投資をしていくうえにおいて有利になります。

## 海外に銀行口座を持つメリット

**1** 外国に資産の一部を移すことでリスクを分散

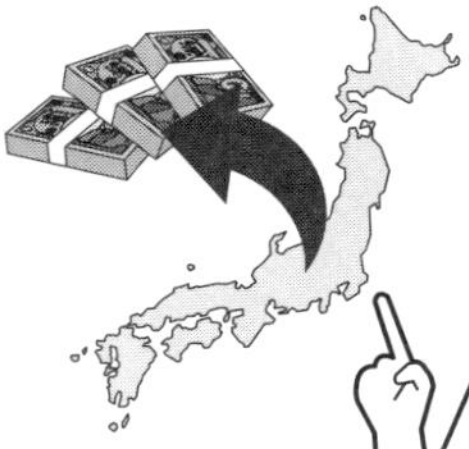

**2** 米ドル、加ドル、香港ドル、ユーロなど10以上の主要国通貨をたった1つの口座で保管・管理

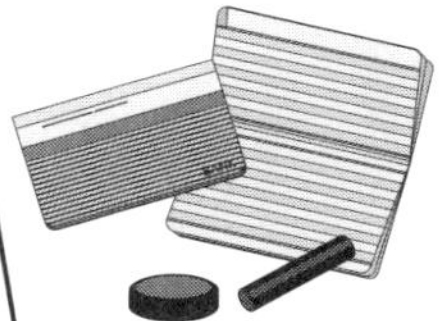

**3** インターネットバンキングで海外送金

**4** HSBC（香港上海銀行）プレミアムなら空港で入出金可能。専用ラウンジでくつろぐこともできる

**結論** 日本のカントリーリスクに備えておく

# 08 資産形成を飛躍的にアップさせる「いい借金」

## 資産を加速度的に増やす「いい借金」

自衛官の定年は一般的に54歳。階級が高くなれば定年は延び、低ければ前倒しになります。「もう少し長く務めることができれば、住宅ローンの返済が楽になるのに」とも思いますが、過酷な任務が課せられる自衛隊では、ちょうどいい年齢なのかもしれません。

自衛官の身分は特別職の国家公務員。頭に「特別職」とつきますが、立派な公務員ですから銀行から融資を受けるのに大変に有利な属性です。

私はそんな有利な属性を活用して２００６年から不動産投資をしてきました。

当時は、インターネットが発達した今と違い、不動産投資に関する情報は乏しく、おつき合いのある不動産屋の店長やスタッフにお土産を持参して教えを説いてもらっていました。

先にも述べましたが、「借金」というと、極端に悪いイメージを持っている人も少なからずいます。クレジットカードのリボ払いを多用したり、消費者金融から多額の借り入れを起こして高金利を払い続けた結果、自己破産するなど「悪い借金」に苦しむ人がいることも事実です。

しかし、**お金持ちになる人は、「いい借金」をすることで自分の資産を増やすことを考えています。**

たとえば表面利回り10％の1億円の収益不動産を買うときに、全額の1億円の融資を受けて、できるだけ低い金利になるように交渉をまとめます。

1億を1％で借りると1年間で銀行に支払う金利は100万円。その他、1年にかかる経費は、固定資産税80万円、管理会社への報酬や共用部の電気代、修繕費など150万円の合計330万円。表面利回り10％なので収益は1000万円。利益にかかる税金を計算しなければ、銀行から1億円借りたことで年670万円の資産が増える計算になります。

資産を増やしてくれるこの物件を購入するのにひとまず支払った金額は、仲介手数料、登記費用、融資に関する手数料、火災保険、不動産取得税など、全部で700万円程度なのです。

その後は、管理会社と力を合わせ、物件の稼働率を高く保つことで収益を高めることに努めます。同時に、銀行の評価をよくすることで、数年後に新たな物件を購入することができます。それにより、さらに資産が増えていくのです。

まさに、**借金が自分の資産を加速度的に増やしてくれる**のです。

## インフレで投資金額の多くが回収できる

投資用不動産を持つことのメリットは、月々の収益だけではありません。世の中がインフレに進んだとき、土地や建物の価値も値上がりします。1億円の借金で購入した不動産が3％値上がりしたら、1年で300万円。それが2年間続いたら不動産取得にかかった金額の多くを回収したことになります。

連動して銀行金利も上昇してくることになりますが、契約を結ぶとき、金利を固定にしておくことで、金利上昇の影響を回避することができます。

不動産投資のいいところを色々と述べてきましたが、一棟目を買うことに失敗すると、次に進むのが難しくなるばかりか、逆のレバレッジがかかり、資産を減らす可能性もあります。

**不動産投資は動かす金額が大きいため、リスク軽減のためにも、実際に投資している人に話を聞いたり、不動産投資スクールで知識をつけたりしてから動くように心がけることが大切です。**借金を上手に使えるようになれば、資産形成にかかる時間を大幅に短縮してくれるばかりか、急なインフレからも自分の資産を守ってくれる、魔法のツールになります。

## COLUMN 5

# 投資の確度を高める「団結の強化」の精神

自衛官が持つべき心構えは「使命の自覚」「個人の充実」「責任の遂行」「規律の厳守」「団結の強化」の5つです。この中の「団結の強化」の意味するところは、すぐれた指導の下にある団結心の強い集団は、その活動に際し潜在的な威力を発揮する。つまり、同じ艦に乗り合わせた者同士が目的達成のために協力することができたら、通常よりも高い能力を発揮することができる、という意味です。

情報が命である投資の世界においても仲間を作ることは非常に重要です。情報の共有をはかる、違った見方をする人の意見を聞くことで、投資の問題点を洗い出すなど、投資分析の確度を高めることが可能になります。同じ本を読んだ後に意見を述べ合ったり、所有している教材を貸し借りすることで、知識を高めるなど、志が同じ者が近くにいると、自分のモチベーションを高い状態に保つことができ、成功する可能性が飛躍的に高まります。

また、得するのは投資だけに限ったことだけではありません。

社会人を何年もしている人が集まれば、

パソコンに詳しい人や、語学が堪能であったり、ゴルフが得意だったり、お互いの欲しい情報を共有することも可能です。

目的意識が高い人の集まるグループには、必然的に教える立場のコンサルタントも興味を持つものです。仲良くなれば、質問もできる関係になります。

私は、セミナーが実施される2時間前に、会場近くのレストランでランチ会を開催しました。そこにコンサルタントを招待して投資に関する話を聞かせてもらう機会を何度か作ったことがあります。

コンサルタントが執筆された書籍に関する疑問点や、手法についての見解など、セミナー会場では聞きづらい内容の話を聞かせてもらいました。そのことにより投資に関する知識を高めることができました。

親しくなったコンサルタントとは、日程を合わせて、1泊2日の不動産投資合宿を、グループメンバーで企画しました。コンサルタントが保有する物件を案内してもらったり、地元不動産会社や知り合いの投資家を紹介してもらいました。

何よりもためになったのは、物件見学や不動産会社訪問が終わった後の車中で参加者が一人ずつ疑問点を上げ講師に回答してもらったことです。他人の疑問を共有することで効率よく有益な情報をインプットすることができました。午前10時から夜の懇親会終了まで、本当に投資話漬けの濃い2

日間を体験することができました。

大好評の不動産投資合宿だったため、この4か月後に、ツアー内容を変更して、1泊で、再訪問させていただきました。属性の違うメンバーが集まり、それぞれの取ろうとしている戦略を勉強会で発表して、知識の共有をはかるとともに、それに対するフィードバックを受ける。銀行の融資の状況や、よい不動産業者の紹介、確定申告の作成方法など情報を出し合うことで、物事を進めるスピードを3倍以上にすることができました。

何よりよかったことは、集まること自体が楽しかったことです。仕事が終わって帰宅して、発表資料を作成することは、楽しいことばかりではありません。しかし、「他のメンバーに対していい情報を伝えて、少しでも目標を達成してほしい」という気持ちが2年近く自分のモチベーションを高く保ってくれました。

今ではメンバーの80%が億を超える資産を築くことに成功しています。忘年会や誰かが物件を購入したお祝いなど、機会あるごとに集まり、コンサルタントもリアルに、またはオンラインで参加してもらい、近況を報告しています。

複数の耳で集めた情報を複数の目で見て、投資の問題点を洗い出す。さらにそれによって投資分析の角度を上げる。まさに目的達成のために協力する「団結の強化」がもたらしてくれた結果です。

# 第5章

# まさかのときでも慌てない 資産防衛術

# 01 あらゆる危機を想定し、保有資産を自衛しよう

## 天災、国家破たん、ハイパーインフレへの対策はできているか

有事のためにあるのが自衛隊。歴史的にどれだけの戦争や内戦が起きてきたかを考えれば、小国であっても自国を守る組織を持つことが必要です。

また、地震や水害などの天災に備えて、建物を所有する多くの人が保険をかけています。一家の大黒柱にもしものことがあっても生活が困らないよう、生命保険や住宅ローンに団体生命信用保険をかけている人も多いかと思います。

では、国家デフォルトやハイパーインフレについては対策をされているでしょうか。国が破産する国家デフォルトや、急激にインフレが進み、1988年にアルゼンチンで起きたハイパーインフレのように物価が現在の50倍になったら、どのように生き延びたらいいか考えたことはあるでしょうか？

「世界第3位の経済大国である日本では起こりえない」「資産が多くないので私には関係ない」と思う人もいるかもしれません。

国家デフォルトやハイパーインフレについては、何年も前から経済学者などが「いつ起きてもおかしくはない」といっていますが、起きない可能性もあります。

しかし、何も手を打っていないところに起きてしまったら、いったいその先の生活はどうなるのでしょうか。現在、日本の株や貯金だけで資産を持っている場合は、外貨積み立てにしたり、海外の銀行に預金する。また、食料やトイレットペーパーなど生活必需品などを蓄える。万が一、夜9時以降など、多くの銀行のATMが使えない時間帯に「銀行預金が引出し停止」となったら、どう行動するのか。**頭の中でシミュレーションしておくだけで、結果は大きく違ってきます。**

## 非常事態時には物の値段が簡単に上がる

東日本大震災のとき、関東に住む友人は、電気の供給が止まる可能性を考え、発生直後に、つき合いのある業者に発電機の注文を出しました。しかし、そのときの値段は、通常30％オフのところが、値引きなしの定価。しかも大阪から都内へ運ぶトラック1台分の注文はもうすぐいっぱいになるという話でした。

ここで、考えなければならないのは、災害直後にヤリ手業者は、大阪の市場からトラック1台分の発電機と輸送手段を確保しているということ。

目先の利く利用者は、電気というインフラ確保のために動いている。

さらにこのとき、取引されている価格は通常より高い。

**世の中には、非常事態時にどう行動を取るか、それを日頃から考えている人が存在しているる**ということです。

発生1時間後には50台の発電機がすべて売り切れたことからもわかるように、日頃から、いざというときに備えて対策しているかどうかで差が出てくるのです。

それでは次の項目から、自分の資産を守るために何をどう対策しておけばいいのか？

一つひとつ見ていくことにしましょう。

# 02 銀行破たんに備えて預金は複数の銀行に分散

## ペイオフ対策で預金を振り分ける

日本では万が一、銀行が破たんしても、預金者の預けているお金は預金保険機構が保証してくれます。ただし、保護されるのは元金1000万円と、その利息が対象であって、その金額を超えたものは対象外となります。

平成22年に破たんした日本振興銀行のケースでも、預金者全体の3％の人は、全額保証をされなかったのですから、預金者にも自己責任が求められる世の中になったということです。

また、銀行が破たんした場合は、預けていた金融機関の事務処理後に指定する銀行口座に振り込まれることになります。その場合、事務処理が終わるまでの期間は資金を動かすことができません。支払い予定がある資金の場合は注意が必要です。

**万が一の銀行破たんに備えて、1000万円を超える金額が保証される「決済用預金」に**

**預けるというのも一つの手です。**ただし、この場合は利子がつきません。ただでさえ安い金利ですが、1000万円を預ければ、金利0・02%で年間2000円の利子がつきます。「たかだか2000円くらいの利子のために、1000万円を失うわけにはいかない。利子がつかなくても決済用預金に預けておこう」と思うかもしれませんが、たとえ2000円だったとしても、もらわない手はありません。

**1000万円を超える預金を預ける場合は、銀行を複数に分けることで、すべての預金を保護対象にしておくと同時に、利子を受け取ることもできます。**たとえば、付き合いのあるメインバンクがあったとしても、1000万円を超える預金は万が一のことを考え、前もって別の金融機関に移動させておく。それだけで、銀行が破たんしても、会社の資金全額を凍結されることを防げるため、当面の資金繰りは問題なく続けられます。

銀行破たんに備えて、1000万円を超える預金は複数の銀行に分散すること。また、新しく銀行口座を開設する場合は、利便性、住宅ローンの金利や、送金手数料に加え、金融商品や法人の信用をはかる「信用格付け」評価を参考にすれば、各銀行の信用度を推測することができるのです。

# 03 金庫の中に2000枚の100円玉で盗難防止

## 予算3万円程度で数千万円の財産を守る金庫活用法

私が自衛隊に勤務し始めた頃は、保有資産も少なく、あるのは銀行に預けた預金程度でした。そのため、「お金は銀行に預けていれば、自宅が火事に遭って通帳が燃えたとしても再発行をしてもらえる。わざわざ金庫なんて持つ必要がない」と思っていました。

しかし、所有不動産が増えるにつれ、権利書や保証書、生命保険等の保険証券など、燃えたら困るもの、また、金の延べ板や銀貨、結婚式やお祝い用に使う新券のストックなどが増えていきました。このように**保有する資産の種類が増えるにつれて気づいたのが、災害や盗難から守ってくれる金庫があると安心ということです。**

金庫は容量が多ければ金庫自体の重量が重くなり、万が一泥棒に入られても持ち出しづらくなります。しかし、それに伴い、金庫本体の値段も高くなるばかりか、床に負担がかかるので、建物の強度に問題がないかなど、購入するうえで色々と考える必要があります。

結局、私は金庫を買うにあたり、容量20リットル、重量約30キロ、価格は3万円前後の物を選びました。

飛び切り丈夫な金庫を選ばなくても、集合住宅に住んでいるので、その場で金庫を破壊されたら、相当大きな音が発生するはず。であれば泥棒も隣近所に知られるリスクを取らないはずだと判断したからです。

次に考えたのは、侵入した泥棒が金庫をそのまま運び出すことです。

体を鍛えている人物であれば、30キロの物を移動させることは難しくありません。

私も現役時代には、週4回の頻度でジムに通っていました。床に置いたバーベルを上げるデッドリフトという種目では165キロまで上げることができました、バランスの取れていない持ちづらい金庫であっても30キロであれば動かすことは十分可能です。

これに対抗するために、100円硬貨50枚の束を40本＝2000枚、金庫に敷き詰めることで、4・8グラム×50枚×40本＝9・6キロの内容物で金庫自体を重くしました。

## 100円硬貨とテプラで金庫の防御力アップ

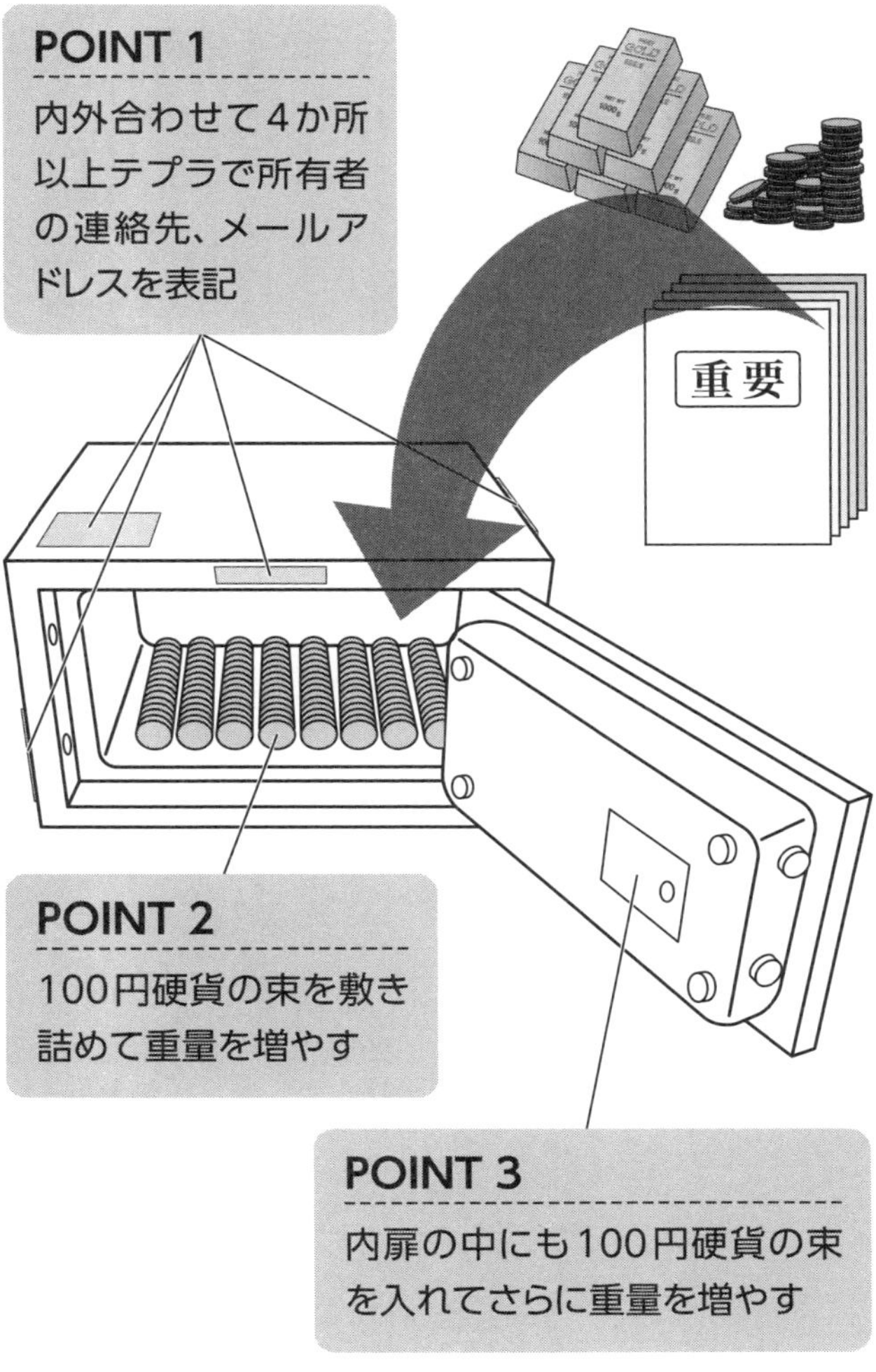

また、金庫扉のダイヤル部を変更するための内扉をドライバーで開けて、そこにある空間に50枚の束を一つ追加することで、さらに240グラム重くしました。

金庫内には権利書など、書類がビッシリと敷き詰められているうえ、銀貨が100枚程バランスの悪い配置で入れられています。

金庫の置き場所を押し入れの下の段に設置したので、かがんだ状態でしか金庫に近づくことができないため、よほど力のある人でないと動かすことができません。

それと同時に、段ボールを使い、金庫をカモフラージュしたので、物を動かさなければ押し入れ内に金庫があることもわからないようになっています。

## 金庫の重要性に気づいている人はすでに動いている

東日本大震災のとき、津波で流された5700個の金庫が持ち主に返され、その行為が世界のニュースで称賛されたということがありました。このことを踏まえ、万が一、流されたりしたときのために、金庫の外側にはテプラで、持ち主の名前、連絡先、メールアドレスを3方向に貼っています。

高い金額を出して金庫を設置しなくても、グレードを落とした金庫に工夫を加えることで、防犯性を高めることができます。また引っ越しなどで金庫を動かす必要があるときには、金庫の中身さえ出せば、自分で持ち運べる重さにすることができます。

**自分の資産を守ってくれる味方「金庫」。一台数万円で自分の資産防衛力とそれに関する知識を上げてくれるアイテムです。**

マイナンバーが預金口座に適応されることが決まった平成27年度以降、家庭用金庫の出荷台数は前年同期比90%増しとなり、2倍近くも増えているといわれています。

金庫の重要性について気づいている人は、すでに動いている――。そんな予感を表している数値です。

# 04 大金をかけてセキュリティを高めるより、小金で資産を守る

## 捨て金を置く意味

なにかと団体で生活することの多い自衛隊。給料やボーナスが支給された日の連絡事項には「金銭管理を徹底する」「ロッカーの施錠、鍵の管理をしっかりする」。この2つが必ず示達されていました。

艦の中で盗難が起きると、隊内で起きた犯罪を捜査する警務隊が入り、関係者の取り調べなど捜査が数日間実施されることになるので、訓練はもとより、乗員が楽しみにしていた休暇さえも取り消しになります。誰も得をしない状態に陥るので、問題を未然に防ぐために注意を促すのです。

家庭においても、日頃から施錠を確認してから留守にする。窓に防犯ブザーを設置してお

く、レースのカーテンをして部屋の中が覗かれづらい状態で家を空けるなど、家族でルールを決めて防犯対策に取り組んでいると思います。

しかし、完璧に守るには、窓に鉄格子をはめる、警備会社と契約を結び、防犯カメラを設置するなど、結構な費用や工事が必要となります。

そもそも、完璧な対策を施しても鍵をつけっぱなしで出かけてしまったら、元も子もありません。また、事前に徹底的に自宅をマークされて押し入られたら完全に防ぐことは難しいものです。

私の場合、集合住宅に住んでいることもあり、こういったお金のかかる対策はほとんどしていません。その代わり、縁側のサッシを閉めきりにする。**入られる可能性があると想定して、捨て銭を用意しておくことを心がけています。**

といっても、机の上に数千円が標準的に置いてあるだけのことですが。

リスクを冒して室内に侵入した泥棒に、目当ての物が見つからない腹いせで、テレビやオーディオ機器に八つ当たりされることを防ぐためのお金です。

元窃盗犯が書いたという『前科18犯田岡源紹 盗み方の全て―泥棒マニュアル』(田岡源紹／データハウス)によると、窃盗犯の心理としては、「素早く侵入して仕事を済ませて、素早く立ち去りたい。そのため、目ぼしいところを探して金になりそうなものがすぐに見つからなければ、たかが数千円であっても持ち去ってその場を離れる」のだそうです。

**これは自宅での防犯対策はもとより、海外で宿泊するホテルでも活用することができます。**場所によっては、ホテルであっても窃盗のリスクは高まります。万が一に備えてあえてコインを乱雑に机の上に置いておく。1枚でも減っていたら、従業員の中に手グセの悪い者がいることを、察知することができます。

「泥棒に入られるのに、わざわざ自分から盗ってくださいと言わんばかりにお金を置くなんてどうかしている！」と思われるかもしれません。しかし、少額の捨て金で資産本体を守ることができたらむしろ安いものです。

資産を守るには、知識や経費が必要ですから**「捨て金は保険代」**と、私は割り切っています。

# 05 資産を防衛してくれる貴金属投資

## 円安が止まらない。ハイパーインフレはすぐそこに

1998年、トルコ北西部地震発生に伴い国際緊急援助活動で同国を訪れた船乗り一筋20年の同期が「流通している紙幣に印刷されている0の数が6個あった」と話してくれました。0が6個。日本円で考えれば100万円札があるようなものです。

この年のトルコのインフレ率は約85%。つまり、今、1万トルコリラで売っている物を1年後に買うのには1万8500トルコリラを出す必要があるということです。

物価の上昇は1年だけの現象ではありません。この年の前年は約86%、その前は約80%、さらに前は90%。数年続くだけで物の値段は何倍にも跳ね上がり、トルコリラで持っていた現金や預金、保険などすべてが大幅に価値を失うことになるのです。

日本の一般会計税収は56兆円。それに対して国の支出は96兆円。国の債務がすごいスピードで増えているのに、働く人の人口は減っている状態です。

そんなこともあり、**数年前から日本でハイパーインフレが起きるのではないかとささやかれるようになりました。**

いったんハイパーインフレが起きれば、人々は目減りする現金を物に交換しようと、商店に殺到します。

物が高くなることがわかっている店側は、抱えている在庫を出し惜しみすることで、さらに高く売ろうと考えます。こうやって売り場の物が少なくなり、物の値段が上がっていくのです。

この悲惨な状態が何年も続いたら、物の値段に0の数が増え続け、トマト1個が5億ドルになるなど、自国の通貨がほとんど意味をなさなくなります。

まさにこれと同じで、ドルやユーロでないと買い物ができない状態になったのが、ジンバブエの経済破たんなのです。

昔から安全資産といわれている「金《きん》」は、いうまでもなく世界中で取引されています。

アメリカの市場で、1オンス（28・34グラム）が1300ドルで取引されていれば、1

## トルコのハイパーインフレから学ぶ対応策

### 現金や保険で資産を保有していたので、目減りした

### 「金」の価格が10倍になったので困らなかった

オンス金貨を持っている人は交換するのに手数料はかかるものの為替に左右されることのない1300ドルの価値のあるものを持っていることになります。

私が初めて「金」を買ったのは、平成20年。恐る恐る金販売業者に電話注文を入れて、銀行振込で料金を支払って、100グラム（1グラム2700円×100グラム）の延べ板を送ってもらったことが始まりです。

次は500グラムの延べ板（1グラム3000円×500グラム）です。

当時の市況は、「金」好きなお国柄であるインドや中国の経済が活況になり「金」需要が増え、価格は右肩上がりでした。

たとえ、急激な下落が起こったとしても、大昔から人類に好まれた普遍的な美しさを持つ「金」ならいつか買値は上がるだろうと思い、現物購入しました。

また、当時、**不動産関連のローンが5000万円程あったので、500万円分の「金」を持っていれば、10倍のインフレが起きたとしても、「金」価格が10倍になるので、それでローンを一括返済すれば、借金のない物件を手に入れることができる**と考えました。

インフレ後に土地や建物の評価が高く再評価されれば、手放す必要もなく、インフレに強い「金」が資産を保全してくれるのです。

## 「金と銀と銃を持て」

しかし、「金」を持つことのデメリットもあります。

「金」は、持っているだけでは、金利を生みません。

また、売り買いするのには手数料が必要です。とくに美しいデザインが施されたコインは、「金」の質量に比べて値段が高くなっています。

延べ板で購入したとしても、500グラム未満の重さであれば、バーチャージといわれる手数料がかかります。

現金に戻すとき、価格は購入したときの価格ではなく、そのときの相場価格が適用されます。

しっかりした保管をしないで盗まれでもしたら、当然ですが、大きな損害を被ることになります。

「金」は紀元前から、世界中の通貨や装飾品として使われてきました。紙幣は紙切れになっても、「金」の価値がなくならないことは歴史が証明しています。

国家デフォルトやハイパーインフレが起こることを考え、自分の資産ポートフォリオの中に貴金属を入れておくことが、自分の資産を安全に増やしてくれることにつながります。

『金持ち父さん、貧乏父さん』（ロバート・キヨサキ＆シャロン・レクター／筑摩書房）の著者であるロバート・キヨサキ氏は、２０１７年に来日した際のセミナーの中で、「金と銀と銃を持て」と訴えていました。

それによると、これから先は深刻な不景気に入っていくか、ハイパーインフレが起こる可能性がある。あるいは戦争に向かうかもしれない。そうなったら銀行カードやクレジットカードは使えなくなる可能性がある。それに備えるためには、食料、水、銃、「金」を備える必要があるということでした。

この言葉は、数年前から彼がブレることなく唱えていることです。彼の言葉を聞き、**実物資産を保有する重要性**について、改めて気づくよい機会となりました。

銃を備えるというのは、日本の社会の中では現実的なことではありませんが、金や銀、食料品、日用品などは揃えることができます。これを受け、私も備蓄品のほかに銀の買い増しをしています。

## 06 ハイパーインフレに対する資産防衛は常備品の確保から

### ハイパーインフレになると物は数日で売り切れる？

私は、初めて南極に出かける際に、半年間の行動中に必要となる物を経験者である先輩から徹底的に聞き出し準備に取り組みました。

砕氷艦「しらせ」は2万トンを超える大きな船ですが、南極の昭和基地で越冬に必要な燃料、生活必需品や研究機材、基地を維持するための重機や車両、機器など何千トンもの物資を輸送する大きな船です。しかし、乗員一人に与えられているスペースはベッド、ロッカー×1、共同で使用できるわずかな倉庫スペースに半年間使う物を収納する必要があったからです。

たとえ、買い忘れた物があったとしても船の中では日用品を購入することができません。日本を出港してしまえば、次に寄港するのは、オーストラリアのフリーマントル。そこで手に入れることができなければ、数か月間補充することができない不便な生活をしいられることがわかっていたからです。

人生において歯ブラシを50本まとめ買いする経験を持つ人はあまりいないと思います。私はその経験を通して大変重要なことに気づくことができました。

ワゴンに大量に積まれた歯ブラシの山でも、50本少なくなると明らかに山が小さくなるということです。もし、ハイパーインフレが起きたら、保有する紙幣を物に換えようと殺到した人達が、歯ブラシを一人で50~100本と買い物カゴに入れていくことになるので、あっという間にワゴンは空になる。そんな光景を見た思いでした。

ハイパーインフレになると、このことは生活物資全般に及ぶため、結果的に「とてつもなく大きな店頭の倉庫からも数日で物が消える」ということです。

南極に出発する前に準備したのは、自分の身の回り品だけではありません。

帰国するまでの間にハイパーインフレが起こる可能性を考え、実家に120キロの真空パック玄米を送り、非常食にしてもらいました。

この予想は幸いにも外れましたが、このときに生活必需品を準備する経験をしたことで、いざというときに備えてどのくらい備蓄すればいいのか予測できるようになりました。

**私の家では水1週間分。トイレットペーパー、洗濯洗剤、ガスボンベ1年分。石鹸、歯ブラシ、食器用洗剤等2年分。その他として、段ボール20箱、粘着テープ、ゴミ袋、ちょっとした工具などを準備しておくことで、防寒対策やそれ以外のことに対応できる備えをしています。**トイレットペーパーなどはかさばりますが、トイレや廊下スペース上部に突っ張り棚を設置して収納しています。

長期保存すると鮮度が心配なお米や乾麺以外の買い置きはできませんが、いざ情報が入ったら、いち早く生鮮食品等を買い求める。次に、ガソリンを満タンにしたら、当面の間は家でおとなしくしていれば何とかなる計算です。

仮に、必要な物があったとしても、備蓄品の一部を物々交換にまわすことで、入手できる可能性は上がります。

## 日用品をまとめ買いするメリット

「ハイパーインフレなんて起こるわけがない」と思っている場合でも、いつ起こるかわからない災害のことを考えて備蓄しておくことは有効です。**トイレットペーパーなどの日用品で**

**あれば、まとめ買いをしておいてもいずれ使う物なので無駄にはなりません。それどころか、特売日にまとめ買いすることで出費を抑えられるうえに、買い物に行く回数を減らせるなど、お金と時間の節約にもなります。**

備蓄する場合は、自分一人、または家族で使うトイレットペーパーの量を計算して1か月分を購入しましょう。1パック数百円のトイレットペーパーでも特売日にまとめて買うことで割引される金額は大きくなります。また、まとめて自宅に運ぶ大変さもわかります。これを広い品目で半年、一年分に増やすことができたら、備蓄・保管力は相当なレベルになります。いざハイパーインフレが起きたらクレジットカードが使えなくなる、店が買い物できる商品数を限定する、売り場が戦場のようにごったがえすなど、想定をしていなかったことも起こりえます。そのときのために、平穏な、物の安い時期に備蓄品を増やして、起こるであろうことに備えておくことが大切なのです。

もし起きなかったとしても、備蓄した古い物から日用品を消費して、ある程度減ったらまた補充する。そんな準備を家族全員でゲーム感覚でできたら、その家族は非常時の初動も無駄なく迅速に行動でき、生存率を高めることになるでしょう。

07

# 3・11から学ぶ非常事態時に物を買う大変さ

## 非常事態時にかかる余分なコスト

東日本大震災が発生したとき、私は南極での仕事をすべて終え、オーストラリアへ針路をとっている艦の中にいました。

第一報で、とんでもない規模の震災が日本で起きたらしいという噂が艦内に渦巻きました。しかし、通信手段として衛星回線が使用できたこと、艦内に新聞記者がいたこともあり、被災地の新聞情報が段々と乗員にリリースされ、すぐに状況をつかむことができました。

オーストラリアで船を降りる観測隊員達の中には、日本の地域によっては入手しづらいといわれていた電池や懐中電灯などを現地で買って帰る隊員もいました。

コンビニで500ミリリットルの水が1本400円もするオーストラリアで電池を買ったら日本の何倍の値段なのでしょうか。1年以上南極で研究や生活に必要だった大量の荷物に加え、単三電池30本買ったとすると720グラム重くなります。たった720グラムとはいえ、ギリギリまで荷物を詰め込んでいる隊員は、チェックインの際に荷物の超過料金が取られる可能性もあります。

「この隊員の家族の住んでいるところは被災地から遠く離れた東京都内なのに、電池や懐中電灯が手に入れられない状況なのか」と、**非常事態に物を確保するのには、余分なコストがかかる**ことを、このとき学びました。

## 日用品の備蓄は時間とお金の無駄を防ぐ

東日本大震災直後の首都圏でも「コンビニから水や食料が消えた」「計画停電のため信号がつかない」など、普段の生活では考えられないことが起こります。

被害が大きければ、ライターや缶切り、ゴミ袋などの日用品すら買うのに困る状況になるかもしれません。

また、運よく買えたとしても「一人○個まで」と制限がかけられている可能性もあります。

東日本大震災の際には、「車に給油するために1時間並んで、一台20リットルしか入れることができなかった」という話を友人から聞きました。

災害時は、普段安く売っている価格と比べて、定価、もしくはそれ以上の値段で買わなければいけなくなります。

さらに、購入するまでの時間もかかります。長時間並ばなければ買えないとなったら、お金だけでなく、時間も失っていることになります。

12個入りトイレットペーパーや防寒用の毛布やシートなどは、かさばるため運ぶのも一苦労。ペットボトルの水も車などを使わなければ、遠い距離を運ぶことは難しくなります。そもそも商店までの道さえ寸断されていて、車で行くことができない可能性もあります。**普段からどれだけ持ち出し品の整備と備蓄品を準備しているかで、被災後の生存率や被災後の生活が大きく変わってくるのです。**

「非常事態が起きたとき、どんな生活になるのか」「どんな行動をとるべきか」を家族で話し合っていれば、有事の際の初動に対する対応スピードが大きく変わってきます。普段から必要となる物資を常備しておくことで、いざというときに時間とお金を無駄にしないだけでなく、家族を救うことになります。**一人ひとりが必要なものを備蓄しておくことで、無駄な買い占めも減らすことができる**のです。

# 08 生活インフラが止まった後の暮らしについて考える

## もし生活インフラがストップしたら……

非常事態の状況下では、水道や電気などの生活インフラが止まることを想定しておくことも大切です。

飲み水はどこで汲んで、どんな容器に入れて運ぶのか。都市ガスが止まった場合は、煮炊きは、カセットコンロや固形燃料に切り替える。シャワーは銭湯、もしくは水シャワーで済ます。ゴミの回収がしばらく行われなくなっても困らないように、日頃からゴミを減量する工夫をしておく、ゴミ袋を多めに用意しておく。

洗濯機が使えないときは、手で洗濯する方法や節水する方法について学んでおくなど、インフラが止まった世界では多くの工夫と努力で不便を乗り切ることが必要になります。

では、電気が止まった場合、どうしたらいいでしょうか。

大きな施設や企業であれば発電機を準備するのが一般的ですが、個人の家に、場所をとる発電機と、それを動かすために必要なガソリンを保管しておくことは現実的ではありません。

また、40リットル以上のガソリンを保管するためには、消防法の規定により、管轄の消防署長に届け出る必要があります。

気温が寒ければ、厚着をするなど防寒対策をする。暑ければ薄着を心がけ、日差しを遮り日陰を作る。気化熱を利用して温度を下げるなど対策は取れるものです。

電灯を使うことができなければ、懐中電灯やロウソクで代用することができます。

現代人の必須アイテムとなったスマートフォンの充電はどうしたらいいか。非常事態において、スマホは自分の生存を伝えることはもちろん、家族の安否確認、被災地の状況把握、救助や避難所に関するインフォメーション、天気予報など、生き残るための情報を取るための必須アイテムです。また懐中電灯やラジオとして使用することもできます。

しかし、どんなに役立つスマホでも、バッテリーがなくなったらただの箱でしかありません。電気の供給があって初めて継続的に使うことができるのです。

私は非常用持ち出し袋の中に、ポータブルソーラー発電機を入れるようにしています。折りたたむとＡ４サイズ。重さが約７００グラム。登山好きな上司が「山に登るとき、バッグにぶら下げておくことでスマホを充電するのに便利だ」と話しているのを聞きつけて、２年前に購入したのです。

ただ、持ち出し袋に入れておいても使わないと、いざというときにどれくらい充電されるものなのかがわかりません。そのため今では、**非常用のポータブルバッテリーを普段から家の窓に貼りつけて、実際に太陽光を使って発電しています。作られた電気は、ポータブルバッテリーで無駄なく受けることで、わずかながらも電気代の節約になっています。**また、二酸化炭素の排出削減にも貢献してくれています。

普段からインフラが止まった生活について考えておくと、実際に止まった際への対応がスムーズにできます。インフラが止まっている期間は、人間の力で不便を補う必要が出てくるため、日頃から健康管理を心がけるとともに、運動を日課にしておく。有事の際、へこたれることなく、やるべきことをやりとげ、家族を守れる精神力と体力をつけておくことが大切です。

# 09 家庭菜園こそが最強のハイパーインフレ対策

## 急激な円安は日本の食料事情の悪化を招く

昔から使い古されている言葉で「腹が減っては戦ができぬ」というものがあります。どんなに精強な部隊であっても、2日も食事を摂らなければまともに戦うこともできないのは事実でしょう。

第2次世界大戦前の日本の食料自給率は86%（農林水産省『食料の安定供給と食料自給率について』より）、農業国といっていいくらい必要な食料は国内で賄っていました。

そんな背景があったから、戦後の焼け野原でも、空いた土地に芋を植えて、食事の足しにすることで人々は生き残ることができたのだと思います。

しかし戦時中と違い、今は都市部に人が集中し過ぎているうえに、土地はアスファルトに覆われほとんど土が見えない状態です。そもそも土があったとしても、植えてから収穫するまでの生産方法をその地域に住む人が知っているとは限りません。

仮に今、日本でハイパーインフレが起きた場合、円安が急激に進み、海外から輸入していた物を今までのように買いつけることが難しくなります。また、輸送コストも跳ね上がり、日本に輸入することすら困難になるかもしれません。

日本で自給率の高い食料といえば、米が97％、野菜が80％、魚が53％、果物41％（平成28年時点、農林水産省資料より）。

このことを考えると、国内の備蓄食料が尽きてくると、おのずと食料は限られたものしか食べられなくなると予測されます。自分の家業が牛や豚を飼うことを生業としていても、飼料を外国から輸入していたら、いずれエサは入らなくなるはずです。

## 経済危機を乗り切る自給自足生活

いざ食料不足に直面したら、日本各地の耕作を放棄されたような土地で食料生産が始まることになるでしょう。

しかし、耕す後継者がいない土地であったり、ゴミが不法投棄されていたりして、草や木が生い茂り原野化した状態を取り除くことから始めなければならないところもあります。そのためすぐに食料生産を増やすことができるとは限りません。また、食料生産を簡単に上げられない問題として、発売されている種が成長して採れる種からは、植物が育ちづらいこともあります。

こう考えると**家庭菜園というのは食料不足を自前で回避する非常に有効な手段**です。

一戸建てであれば、空いている土地に小さな畑を、マンションであってもプランターやペットボトルや牛乳パックに土を入れておけば、野菜栽培は可能です。子どもへの食育を兼ねて、育てやすい野菜を家庭菜園で育ててみてはいかがでしょうか。

最初は家庭菜園規模だったものが、慣れてくれば近くの畑を借りて野菜を育てることにつながっていきます。少しでも野菜を育てた経験があるのとまったくないのとでは、野菜の育て方が違ってきます。運よくハイパーインフレが起きなかったとしても、その経験は無駄にはなりません。

ハイパーインフレに備えて、家庭菜園などで経験を積んでおくのは、有効な手なのではないでしょうか。

# 10 海外への分散投資は不動産がいい

## 海外旅行でその国の暮らしやすさをチェック

私は仕事で12か国を訪れる機会がありました。また、プライベートにおいても、バックパックを背負い25か国を旅しています。

1週間以上ゆっくりとハワイに滞在できることもあれば、治安状況の悪かった南米のとある国では、わずか数時間のツアーで、いくつかの観光地をまわり、お土産屋に寄って艦に戻るだけの寂しい上陸のときもありました。

私が外国を旅行するときにいつも心がけていた視点があります。それは、**将来自分がその国に住んだら暮らしやすいか**、ということです。

具体的には気候や食生活、国民性、医療体制や物価の安さ、現地にある人脈、日本からのアクセスのよさなどです。

人により、暮らしやすさに求める基準は大きく異なると思います。私にとってハワイは1年中気候が温暖で、治安もよく、過ごしやすい国です。反面、物価が高いので長期滞在するのには不向きと考えます。

逆に物価の安いインドでは、物のクオリティーが低い、外国人に高い値段を吹っ掛けてくるので、毎回交渉するのが疲れる。病気になったとき苦労する。日本からの航空券が高い。

2014年、このような視点で考えて、気候と治安がよく、物価が安く、日本からのアクセスもいい某国にコンドミニアムを購入しました。

完成は購入3年後。第一期売り出しのプレビルド(建設前)物件の契約を結びました。まだ、基礎工事も終わっていない状態の建物に、お金を払うわけですから、完成しなかったときには大損害を被ることになります。そのリスクと引き換えに交渉して約2割引で購入することができました。**結果が出ていないものに対してお金を払うのはリスクとなります。それに見合った値下げ交渉をすることが投資の世界では当然です。**

もう一つ、完成していない物件に対して大金を払ったのにはわけがあります。当時は、現地の通貨が強くなってきていた時期でした。そのため、為替が安いうちに日本円を現地通貨に換えておいたほうが得だと判断したからです。契約をした年に全額送金を実施することを条件に、さらに数％安く購入することができました。

その後、物件の最寄り駅の開通にともない物件価格は上昇しました。

## 資産を分散するだけでなく拠点ができる安心感も得る

物件購入のポイントは、立地や価格の他に建設デベロッパーの経営が完成前に傾かないかどうかです。万が一、物件が完成する前に倒産してしまったら、最悪払ったお金が戻ってこない可能性があるからです。そのため建物が完成して引き渡しが完了するまでは経営難に陥らないところを選ぶ必要がありました。

私が購入したコンドミニアムの建設会社は、鉄道が延びる予定の利便性のよい土地を早めに仕入れ、最寄り駅が開通する前後に建物が完成する。同じような条件下にまとめて建設する戦略をとる会社でした。お会いした社長は、決してプレゼンがうまいとはいえなかったものの、質問にはすべてきちんと回答し、デメリットについてもきちんと開示してくれる人という印象を受けました。また、営業マンとのやり取りをインタビュー形式でボイスレコーダーに録音することで証拠固めも実施しました。

送金手数料を削減するために、当日払い込める最大額を近くのATMから引き出し、直接手渡すことで7000~8000円の海外送金手数料を節約するとともに、銀行に行って手続きする手間も削減しました。

結局このコンドミニアムは、2017年に完成。5月に引き渡しも終わり、家具や家電製品の設置を終え、賃貸に出せば、現地通貨の家賃収入を得ることも可能となりました。

しかし、表面利回りが6%と高くはなかったため、日本の冬を避けるための避寒地として自分で使う。また、護衛艦に乗っている友人が近くに入港したときの宿泊場所として活用しています。

**海外にしっかりとした拠点を作ることができると、日本でハイパーインフレや放射能漏れなど、大きな混乱が起きても、出国さえできれば安定した生活を送れる安心感があります。**

現地の銀行口座には1年間生活できるだけの預金があり、口座を凍結されないよう、電気代の引き落としがされています。もちろん、部屋の中には食料以外の生活必需品は揃えられています。5年後には最寄り駅に新しい路線が接続され利便性が上がる計画もあります。資産を守るために海外に逃がした資産が、新興国の経済発展に伴う成長に便乗する形で増える。そんな未来が見えています。

# 11 遺書の準備で資産を再整理

## 死を覚悟した「インド洋派遣」と「南極観測協力行動」

私が初めて遺書を書こうと思ったのは、2002年、給油支援活動参加のためインド洋に向け出発が決まったときでした。テレビでは、自衛隊が初めてインド洋に派遣されるということについて、連日特集が組まれ報道されていました。番組の中で、「2年前にアメリカのイージス艦が同じくインド洋で自爆テロに遭い大打撃を受けた」という報道がありました。テレビから聞こえてくるニュースの声を聞きながら、私は頭の片隅で「覚悟を決めておく必要がある」と感じました。

内示から出国までわずか一週間足らず。その間に派遣先で使用する機材の準備や、半年間の生活必需品を準備して船に引っ越さなければいけませんでした。時間がまったくなかったため遺書を作成する余裕すらなく、結局そのまま出港することとなりました。

次に遺書を書こうと思ったのが、南極観測協力行動に参加する際でした。

南極といえば、一面に広がる銀世界。ヨチヨチとペンギンが歩く牧歌的なイメージを持つ方も多いかもしれません。

私が参加するまでに延べ50回の南極地域観測を重ねてきた日本ですが、長い活動の中で、ブリザードに巻き込まれたり、クレバスに落ちて亡くなったりと、事故がなかったわけではありません。これらの尊い隊員の犠牲により安全対策やルールが改善されてはいますが、常に危険と隣り合わせなのです。

南極の任務に就くことは、命を失うことも起こり得ると悟り、出国前に初めて遺書を作成しました。

## 財産目録の作成は「資産」を見直すいい機会

遺書といえば、一般的には、手書きで家族や知人に向けた手紙の意味合いのものをさします。それに対して私が作成したのは、**自分の財産を一目で判別することができる財産目録と、相続人及び相続割合を書き記したもの**でした。

内容は、所有している不動産。借り入れを受けている金融機関、月の家賃収入、管理している不動産業者の連絡先、担当者名。今後の所有をどうするべきか。

生命保険の加入状況、銀行口座一覧及び残高情報。金の延べ板や銀貨などの総数や保管場所。高級時計の保有数、保管場所。

衣類やOA機器など、遺留品については、「故人を偲ぶ」といいながら、遺族が保管していても邪魔にしかなりません。そのようなものに関しては、遺言にしっかりと処分することを明記しました。それと同時に、近くのブックオフの買い取りサービスの連絡先と営業時間を表記しました。また、それ以外で残った物を処分するのに必要な地域のゴミ回収ルールと回収曜日一覧も添付しました。

遺書を作成するメリットは、相続人が遺産の分配に悩む必要がなくなるばかりか、受け取る財産が決まっているので、相続人同士の争いをなくすこともできます。結果、面倒な遺産分割協議を開く必要もなくなります。

また、自分が日頃、誰にお世話になっているかを見直すいいチャンスでもあります。

私の場合は、とくにお世話になった人の一覧表と連絡先、死後にどんなプレゼントとメッセージを添えて相続人が発送するのかまでを書き記してあります。

遺書を作ることは、結構な時間を要する作業です。しかし、自分の資産を把握するためにも、保険を見直すうえでもいい機会となります。一度、一覧表にまとめてしまえば、次回、更新するときは、銀行残高や物件など、変化のあったところだけを訂正すれば済むので、大幅に時間を節約することができます。

たとえ20代で、資産が多くない状態であったとしても、一度は、作成することを強くお勧めします。忘れていた資産を思い出す、資産について見つめ直す、そんな貴重な機会になるはずです。

COLUMN 6

## 1円玉を1万枚持つワケ

1万円札1枚の原価は約23円といわれています。上質な紙に、すかしやホログラム、潜像模様など、偽造を防止するための加工を施す費用です。それに引き換え、1円玉1枚の原価は約2円、原材料のアルミニウムの価格が上昇すると、その価格に比例してさらに高くなります。では、1枚の原価が23円の1万円札でなぜ1万円分の買い物ができるのでしょうか。それは、使う人、受け取る人の両方が「1万円分の価値がある」と思っているからに他なりません。原価23円の物を1万円で売ることができたら粗利434%、こんなラクして儲かる話を聞いたことがありません。

そもそも日本の通貨の歴史を振り返ると、奈良時代に銅貨である和同開珎が流通しだして、室町時代に金貨や銀貨が作られました。この頃は、硬貨自体に貴重な貴金属が使われていたため価値がありました。

その後、明治時代、海外から高価な印刷機を輸入して紙幣が作られるようになりましたが、このときの紙幣は、兌換紙幣《だかんしへい》だったため、金や銀との交換が可能だったのです。

そして、世界大恐慌のあおりを受けて1931年に貴金属と交換することのできない不換紙幣に切り替わったのです。

それに引き換え、1円玉は、作れば作るほど、国が赤字になることからわかるように、硬貨自体に価値のあるものです。そもそも、原材料の100%がアルミニウムなのですから。1円玉、1億枚の重さは1億グラム=10万キログラム。容積にしたら、路線バス2台分といわれています。

もっとも、その量を集めることが現実的ではないうえ、集めたとしても保管場所が問題になります。また1円玉で支払いをしようとすると、500円のお弁当を購入する際、受け取る側は500枚数えるのに時間がかかってしまいます。そのため21枚以上使用される時点で、法律により受け取り拒否をすることもできるのです。

このように大量の1円玉を持つことにはデメリットがありますが、ハイパーインフレが起こった国々のように、紙幣を多く刷り、流通するお金の量を増やせてしまう世の中において、硬貨は価値のあるものといえます。

億万長者というと、お金を湯水のように使っているというイメージを持つ人もいるかもしれません。しかし、実際は1円の価値を知り、大切にするからこそ、億を超える資産を築くことができるようになるのです。

# おわりに

私は幼年期、祖母の家に向かうときに見かける、お城のような家を見て億万長者の存在を知りました。両親に「どのようにしたらあんなに大きな家に住むことができるのか」としつこく聞き、困らせた記憶があります。

億万長者になりたい。そんなたいそうな夢を持っていた少年時代でしたが、学校での成績がよかったわけでもなく、スポーツにおいてもこれといった成績を残せたこともありませんでした。

むしろ平凡。いや、平均以下の勉強嫌いのテレビっ子。性格は細かく、よけいなことばかりに気づくので、いつも一言多いと部活の先輩や顧問に怒られていました。

高校卒業後、就職先に選んだのは、衣食住が保障されていて、お金が貯めやすく、海外派遣のチャンスも多い海上自衛隊です。そこで待っていたのは過酷な訓練の日々。これではいくらお金が貯まったとしてもストレスで体を壊してしまうかもしれない。事実、定年を前に、任務の途中で急死した上官もいます。一生懸命働き、財を成したところで、病気になったり、命を落としてしまったりしては元も子もない。

今を楽しみながらも将来のためにお金を貯める。そこで気づいたのが、節約でした。「今ここで1000円出して○○を買ったら、その場は満足するけど、それで終わってしまう。そもそも本当にそれを買う必要があるのだろうか」などと、財布の紐をゆるめるときは支出する必要があるかどうかを考えるように心がけました。

「将来、世界を旅してまわりたい。そのためには今、無駄なお金を使わず、貯金に回すことが必要」と考え、毎月手取りの6割近くを貯金しました。同時に、長期休暇が取れたときは海外旅行に行き現地で友人を作るなど、充実した日々を過ごすことができました。これも日々の節約と、貯めたポイントをマイルに変換して特典航空券を獲得できた結果です。

「節約=かっこ悪い、ダサイ」と考える人も多いと思います。しかし、私からしたら「節約=無駄なところにお金を投資しない」ことです。逆にいえば、多くの人は、毎日自分でも気づかないうちにお金を無駄なところに投資しているのです。そして、常にお金の不安を抱えているのです。「給料が安い」「これじゃ貯金もできない」といいながら、居酒屋で同僚と愚痴をいいあっていたり、パチンコでストレスを発散したり。無駄にしているのは、お金だけではありません。目には見えないもの、時間も浪費しているのです。

私が時間の大切さに気づいたのは、インド洋に派遣されたときでした。インド洋での任務は約半年間。10歳から60歳の50年間を人生のゴールデンタイムとたとえたら、派遣されている半年は1％に値する――。

「たった1％くらい、大した時間じゃない」と思うかもしれません。しかし、その1％は、もう二度と取り戻すことができないのです。

このことに気づいてからは、時間もお金も一段とシビアに考えるようになり、自由な時間は不労所得を得るための学びの時間に充てるようになりました。

もちろん、自分一人で考えていたのではすぐに行き詰まります。

お金であれば、田口智隆、牛堂登紀雄。不動産投資であれば、猪俣淳、長岐隆弘。自己啓発においては、ジェームス・スキナー、本田健の本を読みあさり、セミナーに参加して、考えを落とし込めるよう努めました。

自衛隊の定年退職は54歳。定年まで働いたら退職金の他に若年給付金を受け取り、さらに資産は増えていたと思います。しかし、46歳でアーリーリタイアして本当によかったと感じています。好きなだけ読書や映画鑑賞をすることができます。なにより、自分の行動が曜日や時間に左右されることなく自由に動けることが一番の幸せです。

「住宅ローン返済のために、定年後も再就職先を探さなければいけない」「上司と合わないから仕事を辞めたい」「転職をしたいけれど、収入が下がるからどうしよう」といったお金に起因するストレスから解放されているからこそ、本当にやりたいことだけをして生きていけるのです。

「今さら節約をしても大して変わらない」と感じて、何も始めなければ、5年後、10年後も今と同じ生活をしていることでしょう。もし、「今の生活を変えたい」「お金に対するストレスを減らしたい」と考えているのであれば、この本の中で紹介した節約術を一つでも実行してみてください。

大切なのは「お金を貯める目標を明確にすること」です。たとえ目標まで果てしなく遠いように思えても、行動することで変わり始めます。投資を行う場合、高いリターンを得るためには、高いリスクを引き受ける必要があります。それに引き換え、節約はわずかな手間と知恵を使うだけで0・5〜5%程度のリターンを得ることが可能です。

もちろん、回数券や優待券を購入する、クーポン発券やカードを申請するという手間は必要ですが、ほとんどリスクがありません。このリスクのない一手間をどれだけ広げられるかで、人生が変わってきます。

節約、貯蓄、投資を28年以上続けてきたおかげで、仕事とお金のストレスから解放され、海外に所有する別荘で本を書くことができるまでになりました。これからは、長年の夢だった世界を旅して歩くことを始めようと考えています。

最後になりましたが、本書の中に登場した自衛隊勤務時代の上官や同僚、貴重な経験の場を作ってくれた海上自衛隊にお礼を申し上げます。この本が一人でも多くの方のお役に立つこと、読者の皆様が少しでもお金の悩みから解放されることを心より願います。

平成30年5月吉日

生方　正

## 参考資料&引用

### ●書籍

「銀行員だけが知っているお金を増やすしくみ」（著:長岐隆弘／集英社）

「不動産投資の正体」（著:猪俣淳／住宅新報社）

「なぜ賢いお金持ちに『デブ』はいないのか?」（著:田口智隆／水王舎）

「33歳で資産3億つくった僕が43歳であえて貯金ゼロにした理由
使うほど集まってくるお金の法則 」（著:牛堂登紀雄／日本経済新聞出版社）

「成功の９ステップ 」（著:ジェームス・スキナー／幻冬舎）

「ユダヤ人大富豪の教え」（著:本田健／大和書房）

「海外ブラックロード」（著:嵐よういち／彩図社）

### ● Podcast Radio

海外ブラックロード
http://www.blackroad.net/blackroad/

トリカゴ放送
http://www.tkago.net/blog/

スタジオスモーキー －旅と街歩き時々出会い－
http://studiosmoky.seesaa.net/

### ● HP

「HSBC」
http://www.about.hsbc.co.jp/ja-jp/hsbc-in-japan

「民間給与実態統計調査 －調査結果報告－ 平成29年９月国税庁 長官官房企画課」
https://www.nta.go.jp/kohyo/tokei/kokuzeicho/minkan2016/pdf/001.pdf

マンションくらし研究所
https://mansionmarket-lab.com/mobile-bill-average

## 著者紹介

### 生方　正（うぶかた・ただし）

明治大学サービス創新研究所客員研究員。高校卒業後に海上自衛隊に入隊。海上自衛隊で映像に関する部内教育を受けたのち写真員となり、インド洋給油支援活動、環太平洋合同訓練、日露合同捜索救難訓練など多くのミッションに参加。撮影した数々の写真は、部内は元より、国内外の新聞、雑誌、TV に採用され、その功績により7度の表彰を受ける。

勤務の傍ら、各種節約術を駆使しながら貯蓄を行い、定額積立貯金、養老保険、国内株式、金の現物買い、在日米軍に対する不動産投資等を実施することで億の資産を築く。

入隊時の目標であった「南極に行く」「幹部自衛官になる」「億万長者になる」をすべて達成した現在は、アーリーリタイアを遂げ、花粉の飛ぶシーズンは海外に所有する別荘に滞在。それ以外は各国を旅している(訪問国:7 大陸 32 カ国)。

朝日新聞社 Web メディア「telling,」にて『ミレニアル女子のための新しいお金との付き合い方 101 のルール』『投資家×お金ワカラナイ女子の Q&A』を連載中。


企画協力／ネクストサービス株式会社　松尾昭仁


**高卒自衛官《こうそつじえいかん》が実現《じつげん》した**
**40代《だい》で資産《しさん》2億円《おくえん》をつくる方法《ほうほう》**　〈検印省略〉

2018年　6　月 14　日　第　1　刷発行

著　者――生方　正　（うぶかた・ただし）
発行者――佐藤　和夫

発行所――株式会社あさ出版
〒171-0022　東京都豊島区南池袋 2-9-9 第一池袋ホワイトビル 6F
電　話　03 (3983) 3225 (販売)
　　　　03 (3983) 3227 (編集)
F A X　03 (3983) 3226
U R L　http://www.asa21.com/
E-mail　info@asa21.com
振　替　00160-1-720619

印刷・製本 (株) ベルツ
乱丁本・落丁本はお取替え致します。

facebook　http://www.facebook.com/asapublishing
twitter　http://twitter.com/asapublishing




ISBN978-4-86667-073-7 C2034